MOUTTET

SOUVENIRS
ET
NOTES LITTÉRAIRES

I

AUGUSTE GARBEIRON

II

FRELONS

TOULON
TYP. L. LAURENT, RUE NATIONALE, 49

M.DCCCLXXVI

A. MOUTTET

SOUVENIRS
ET
NOTES LITTÉRAIRES

I

AUGUSTE GARBEIRON

II

FRELONS

TOULON
TYP. L. LAURENT, RUE NATIONALE, 49

M.DCCCLXXVI

SOUVENIRS
ET
NOTES LITTÉRAIRES

I

AUGUSTE GARBEIRON

La Société académique du Var a fait cette année une grande perte en la personne d'Auguste Garbeiron, ancien capitaine de frégate, l'un de ses membres les plus aimés et les plus distingués.

Lorsque, il y a quelques mois à peine, à l'occasion de l'un de ses sonnets, nous entretenions la Société de notre cher collègue absent, nul d'entre nous ne se doutait que la mort enlèverait inopinément à notre affection le poëte encore si jeune de cœur et d'esprit.

Auguste Garbeiron était une intelligence supérieure. Sa conversation était pleine de charme; et combien son cœur était bon, simple et dévoué !

Il eût été difficile de rencontrer une nature plus droite, plus aimable, plus sympathique, plus originale que la sienne. Merveilleusement doué, il possédait les aptitudes les plus variées : mathématicien, écrivain, poëte, causeur étincelant, le jeune élève de marine fut remarqué de bonne heure par ses professeurs, comme il devait l'être plus tard parmi ses collègues, dans le monde officiel et dans les salons.

Il sentait vivement et exprimait avec une verve toujours juvénile les mouvements passionnés de son âme et les gracieuses inspirations de sa pensée. Ceux qui l'ont connu savent quel vide il laisse dans le milieu toulonnais qu'il ne quittait jamais sans déchirement, et vers lequel il aspirait toujours. Il serait mort parmi nous, si une affection plus intime et tendrement partagée ne l'avait attiré auprès de sa fille et de sa jeune famille...

Sous l'impression de notre douleur, nous n'ajouterons rien à ce que, dans les *Notes* qui vont suivre, nous avions dit de lui. Nous espérons, comme nous en avons exprimé le vœu devant la Société académique, voir un jour publier un choix de ses poésies; ainsi serait préservée de l'oubli l'une des plus brillantes manifestations de cet esprit charmant et délicat que nous avons aimé et qui vivra toujours en nous.

Auguste-Ferdinand Garbeiron était né à Toulon le 3 décembre 1811. Il est mort à Bordeaux, le 2 mars 1875, auprès de sa fille, madame Noémi François Chambolle.

Novembre 1875.

A F. D.

Aux Marronniers,
Dr....

Un sonnet anonyme. — Double indiscrétion. — Autobiographie poétique.

Le *Var* a publié, dans le temps, un sonnet signé Y. Z., adressé à Victor Gelu, le doyen et maître des poëtes provençaux. C'était au lendemain de la séance publique donnée au grand théâtre de Toulon à la suite de l'exposition régionale de 1873 ; on avait distribué les récompenses aux lauréats des concours littéraires ; le poëte marseillais, convié à cette solennité, avait dit, aux applaudissements enthousiastes de l'assemblée entière, son beau poëme philosophique : *Lou Crèdo dé Cassian.*

Nous reproduisons ce sonnet dans lequel l'auteur de *Fenian é Grouman*, l'illustre peintre de la plèbe marseillaise, est peint à son tour d'un trait large et rapide :

A VICTOR GELU

Votre bon souvenir m'a mis le cœur en train,
Et, comme Margollé (1), le voici qui s'attelle,
Flanqué de deux tercets et d'un double quatrain,
Au grand char où s'assied votre strophe immortelle.

Guidé par la science et son phare serein
Dans l'exploration d'une étoile nouvelle,
Le *Crèdo dé Cassian* fièrement nous révèle
Un mythe d'or coulé dans un bon sens d'airain.

Comme ces troncs pareils à quelque divin torse,
Qui couvent sous leur grave et vénérable écorce
Tous les bourgeons d'avril, tous les fruits de l'été,

Tout couve en vous, de vous tout part : larme et gaîté;
La foi dans la raison éclate; dans la force,
L'attrait, et l'idéal dans la réalité.

Toulon, 28 juin 1873.

Y. Z.

Après ce sonnet le journal ajoute : « Nous ne connaissons pas l'auteur de cette remarquable petite pièce, mais c'est à coup sûr un talent élevé et frappé au bon coin. Il n'en est pas, croyons-nous, à ses débuts, car chez lui il y a fusion complète entre la forme et le fond, entre l'expression et la pensée. Il doit avoir tout un écrin de poésies d'une qualité rare.

(1) M. Elie Margollé avait, de son côté, adressé un sonnet à l'auteur du *Crèdo dé Cassian*.

« Nous comptons sur M. A. M...., le grand dénicheur de livres et d'écrivains, le plus obligeant, mais le plus indiscret des amis, pour savoir bientôt le mot de l'énigme. »

Ces lignes sont signées F. D.

Voilà, cher anonyme, une parole qui tente notre indiscrétion. Hé bien, nous serons indiscret, ne fût-ce que pour ne pas vous faire mentir. Mais prenez garde à vous! Nous vous savons poète, et nous pourrons bien aller vous « dénicher » sous le paletot de Frank ou sous la veste de Jean Guétré dont votre trop grande modestie se plaît parfois à s'affubler.

Si vous habitiez Toulon, vous connaîtriez de longue date le nom de l'auteur du sonnet à Victor Gelu; vous sauriez de quelle haute et affectueuse estime il jouit dans la marine. J'ai nommé le commandant Auguste Garbeiron. Toulon garde le meilleur souvenir de cet officier supérieur qui, à terre comme à la mer, savait se faire aimer de tous. Ai-je besoin de vous le dire, à vous qui l'avez deviné à la lecture d'un sonnet? — C'est un esprit très-fin, fort distingué, original à la manière d'Alfred de Musset, qui aurait marqué dans les lettres s'il avait voulu publier ses vers. Nous allons parcourir ensemble ceux que j'ai recueillis. L'occasion est bonne. Le poète vient de partir pour Bordeaux, où ses affections paternelles l'appellent. Vous n'en direz rien pour ne pas me faire gronder.

Avant les indiscrétions que je vous promets, laissez-moi en placer une autre, entre parenthèses.

Ne pourriez-vous pas me souffler le nom du poète qui s'est peint lui-même dans la pièce suivante? Nous ne vous dirons pas où nous l'avons « dénichée »; mais il nous semble flairer sous ce portrait le charmant esprit gaulois qui a écrit la *Chasse aux Merles*.

Que répondriez-vous, en un mot, si nous vous disions que les vers suivants sont de vous?

EGO

Mon épiderme brun et ma tête crépue
Me donnent pour aïeux les ardents Sarrazins.
Affligé d'un travers que le bourgeois conspue,
J'honore les Didots, je chéris les Cazins.

Un livre est mon trésor, ma maîtresse adorée,
Et j'éprouve un plaisir toujours vif et nouveau
A palper un volume, à la tranche dorée,
Modeste de format, mais habillé de veau.

Avant qu'il apparût sur la colline sombre,
Mon cœur a salué l'astre républicain ;
Mais je n'insulte pas l'équipage qui sombre,
Et, s'il était vaincu, j'épargnerais Tarquin.

Si j'eusse été Rothschild, j'aurais fait grande chère
Et bu dans le cristal des vins du plus haut goût ;
Mais le lapin bourgeois — ô ma sœur dix fois chère —
Apprêté par vos mains, est le meilleur ragoût.

J'aurais voulu flâner sous le ciel de l'Attique,
Aux jours où Phidias sculptait le Parthénon ;
Hélas ! Welche grossier, huître bureaucratique,
J'adresse des rapports au maire de Brenon (1).

. . . .

Mon Parthénon — si Dieu doit un jour satisfaire
Un vœu que bien souvent je rumine à l'écart —
Sera l'humble bastide, où j'aurai pour affaire
De relire Rousseau, Chénier et Jean Aicard.

(1) La plus petite commune de l'arrondissement de Draguignan.

Dames en falbalas, servantes de la mode,
M'ont toujours laissé froid, et, s'il faut parler net,
J'aime mieux Jeanneton qui de tout s'accommode
Et jamais ne se plaint qu'on froisse son bonnet.

. . . .

A la gent à rabat, à cordons, à rapière,
Qu'illustrent Talleyrand, Bonaparte, Dupin,
Je préfère Celui qui, dès l'âge de pierre,
A remué le sol pour nous donner du pain.

J'ai peu d'amis, selon les conseils de Socrate.
J'aime à lire, l'hiver, de bonne heure couché,
De vieux contes gaulois pour dilater ma rate,
Lorsqu'un amant transi flaire sur le *Marché* (1).

Un bon lit est pour moi tout plein de poésie :
Le front sur mon chevet, je parcours l'univers ;
Des amours de vingt ans j'y rêve l'ambroisie,
Et c'est entre deux draps que j'ai pondu ces vers.

Le portefeuille du marin-poète. — *Caramba!* — Endoume. — La cueillette des olives. — *Io Pallas!* — Tristes pressentiments.

Je vous livre maintenant les trésors poétiques que je possède de notre cher poète. Feuilletons-les ensemble.

Voici d'abord une chanson fort originale, écrite sans doute au bruit des avirons, sur un vieil air espagnol, dans un jour de mélancolie. Je vous la donne telle quelle, bien que l'auteur ait

(1) Principale place de la ville qu'habite l'auteur.

indiqué, sur la copie que j'ai, les refrains et certaines strophes à refaire :

CARAMBA

Le bruit cadencé de la rame
    Vibre au cœur rêvant,
Triste et doux comme une aile d'âme,
    Qui frémit au vent.
N'est-ce pas ta voix dans l'espace,
    Qui dit : « Au revoir ? »
N'est-ce pas ton âme qui passe,
Pauvre enfant, dont au ciel la trace
    S'est perdue un soir ?
Le vin et Lisette ont des charmes
    Qui font oublier.
Fou qui passe au milieu des larmes,
    Les jours à prier !

  Ma maîtresse est morte,
    Et qu'importe !
  Lise et le vin bleu
  Ont mis à la porte,
    Et qu'importe !
  Mon cœur qui m'emporte,
    Et qu'importe !
  Vers elle et vers Dieu !

Loin des bords pris par la rafale
    Dans l'éternité,
Pour quel astre à l'amour rivale
    M'as-tu donc quitté ?
Ce grand ciel dont ton âme éprise
    Écoutait les chœurs,

Dis, vaut-il la falaise grise,
Le varech battu par la brise,
   Où chantaient nos cœurs ?
M'est avis qu'ici-bas chaque heure
   Sonne une douleur,
Qu'il faut rire au nez qui pleure
   Et boire au malheur.
   Ma maîtresse.....

Ce fut en longeant le rivage,
   Un beau soir de mai,
Que je vis cette fleur sauvage
   Et que je l'aimai.
Comme un sein qui palpite à peine,
   Le flot riverain
Demandait, mourant sur l'arène,
   Un peu de fraîcheur et d'haleine
   Au frais tamarin.
N'est-ce pas que la vie est bonne
   Et qu'il y fait beau
Pour changer son gaster en tonne,
   Son cœur en tombeau ?
   Ma maîtresse.....

En extase et serrant ma voile,
   Je suivis de l'œil,
Comme au ciel on suit une étoile,
   Son pas de chevreuil.
Tout à coup la divine image,
   S'approchant du bord,
Me jetta, comme un doux présage,
Ces trois mots : « Ami, bon voyage ! »

    Avec sa croix d'or.
Tout espoir, tout heureux augure
    Est menteur et vain :
De tout temps la vérité pure
    N'est que dans le vin !

    Ma maîtresse.....

Cela dit, derrière la dune
    Elle s'éclipsa,
Au moment même où sur la lune
    Un brouillard passa.
Tout riait ; la chèvre du morne,
    Au Cytise amer ;
Mon antenne, à la mer sans borne ;
Tout aimait. Pour moi, seul et morne,
    Je partis en mer.
Tel qu'un vieux buveur, rit vermeille
    La lune de juin,
Moi, je dresse au ciel ma bouteille,
    Comme Ajax son poing.

    Ma maîtresse.....

Au retour... mais c'est une histoire
    D'ange ou bien d'amant,
Close par une page noire,
    Comme un vrai roman.
Si quelqu'âme au caprice austère
    Voulait le savoir,
Notre amour, sublime mystère,
N'eut d'égal, au ciel et sur terre,
    Que mon désespoir.
Triste mer, toi qui m'es fidèle,

> Avec sa croix d'or,
> Prends tout ce qui me reste d'elle,
> Mon dernier trésor !
>
> J'ai sur cette terre,
> O tonnerre !
> Tant pleuré sa mort,
> Que pour mon salaire,
> O tonnerre !
> Ton pétard m'enterre,
> O tonnerre !
> Si je pleure encor !

Nous avons été témoin de l'étonnement de l'auteur, lorsqu'il apprit, par hasard, qu'à Versailles, *Caramba* était chantée par un de nos députés et qu'elle y était fort goûtée.

Mentionnons en passant *un Orage d'été*, pièce qui portait primitivement le titre de *la Nuit d'août*. C'est un dialogue entre la Muse et le Poète, un bel écho des *Nuits* d'Alfred de Musset.

Signalons trois chants d'inspiration grecque : *Io Bacche!* dédié à J. Autran, et *Io Cérès*, à Louis Jourdan. Le troisième, *Io Pallas*, qui est dédié à Casimir Larguier, a été composé à l'occasion de la mémorable cueillette d'olives de la villa de Larguier, à Endoume.

Cet événement mérite d'être conté.

La villa d'Endoume (chère à nos souvenirs), a été bâtie sur un terrain *complanté en rochers*, suivant la pittoresque expression d'un officier ministériel verbalisant. A l'origine, pour planter à Endoume un rosier, on devait faire jouer la mine et apporter de la terre végétale. Que ne fallait-il pas d'efforts et de travaux pour obtenir quelques arbres ? Aujourd'hui, de beaux pins ombragent la villa. Grâce aux eaux du canal, notre ami a fait de ce terrain aride un vrai parterre de fleurs.

Or, perdu dans la pinède, un olivier sauvage, rabougri, mais centenaire, que la mine avait respecté, et qu'on laissait vivre au bel an de Dieu 1850, poussa sa reconnaissance jusqu'à produire une olive — une olive! — pas une de plus, pas une de moins. Le maître entoura son unique olive des soins les plus tendres et les plus anxieux et, quand la saison fut venue, il convia le ban et l'arrière-ban des amis pour fêter l'olive et l'olivier.

Nous accourûmes de Toulon ; ce jour-là l'arbre ployait sous ses fruits. La nuit, des mains invisibles, des mains de fée, avaient délicatement attaché une multitude d'olives merveilleusement disposées pour l'illusion.

Ce fut un étonnement général!

Avant de se mettre à table, les dames procédèrent à la cueillette, en grande solennité, car l'Olive dont on célébrait l'avénement miraculeux, — comme la fève du gâteau des Rois, — devait faire reine d'Endoume celle à qui elle écherrait.

Le commandant Garbeiron entonna l'hymne sacré :

IO PALLAS

A mon ami Casimir Larguier.

Le fils divin de Latone
Effleure, en son char brûlant,
D'un baiser étincelant,
Le front pâle de l'automne;
Et par la neige argenté
L'âpre Cythéron s'étonne
De ce beau songe d'été.

Sous ces doux augures,
O ma belle, allons

Cueillir aux vallons
Les olives mûres,
Belle aux cheveux blonds.

Les bergères de l'Attique,
Belles de rire et d'amour,
Ont, pour fêter ce beau jour,
Vêtu le *peplum* antique,
Et des rameaux du hallier,
Ceignant leur front poétique,
Vont danser sous l'olivier.
    Sous ces doux augures, etc.

O ma blanche Canéphore,
Sous ta corbeille d'osier,
Comme un fruit mûr d'arbousier,
Ta joue en feu se colore ;
Et sur tes beaux seins nacrés,
Comme en une double amphore,
L'huile coule à flots dorés.
    Sous ces doux augures, etc.

De l'Ilyssus, vers le faîte
Du Parthénon glorieux,
Un cygne mystérieux
A plané d'un air de fête ;
Et, trompés par ce beau ciel,
Des essaims ont, sur l'Hymette,
Été vus, faisant leur miel.
    Sous ces doux augures, etc.

De Sunium au Pirée,
Le gai zéphir du matin,

Comme un dactyle argentin,
Court sur la vague empourprée;
Flot de splendeur et d'amour,
Qui, du corps de Cythérée,
Garde le divin contour.
  Sous ces doux augures, etc.

Ciel, onde et terre, tout fête,
Sous les oliviers épais,
De l'heureux fruit de la paix
La poétique cueillette;
Pallas, de sa lance d'or,
En jupon court, en cornette,
Abat son royal trésor.
  Sous ces doux augures, etc.

Libre de sa grande armure,
Minerve tend ses bras nus
Au fils ailé de Vénus
Qui lâche un peu sa ceinture;
La déesse aux fiers ébats
Oint son beau flanc d'huile pure,
Pour de plus heureux combats.
  Sous ces doux augures, etc.

Bacchus à table étincelle,
Cérès dore nos greniers;
L'olive de nos paniers,
A flots opulents ruisselle;
Et dans nos cœurs radieux,
Une joie universelle
Coule du cœur de nos dieux.
  Sous ces doux augures, etc.

Ainsi, sous tes pins fidèles,
O mon cher Athénien,
Je bois du nectar païen
Les ivresses immortelles ;
De tes temples éclatants,
O Grèce! les hirondelles
Fixent ici leur printemps.

  Sous ces doux augures, etc.

Le fils divin de Latone,
Pour fêter ce jour heureux,
Fait d'un sang plus généreux
Battre le cœur de l'Automne ;
Et par la neige argenté,
Mon vieux chef rit et s'étonne
De ce beau songe d'été.

  Sous ces doux augures,
  O ma belle, allons
  Cueillir aux vallons,
  Les olives mûres,
  Belle aux cheveux blonds.

Quand le poète se tut, nous criâmes tous : *Io Pallas!* et nous répétâmes en chœur :

  Sous ces doux augures,
  O ma belle, allons
  Cueillir aux vallons,
  Les olives mûres,
  Belle aux cheveux blonds.

L'olive miraculeuse tomba aux doigts de la femme du poète qui fut joyeusement acclamée reine d'Endoume. On dansa, on joua un proverbe de circonstance, on était heureux. La fête se prolongea longtemps dans la nuit, et tous les convives en ont gardé les plus riants souvenirs.

Mais à ces souvenirs se mêlent aujourd'hui les tristesses de la séparation. Les hôtes d'Endoume sont dispersés, et l'écho de ces lieux aimés ne redit plus nos éclats de rire d'antan!

Post-scriptum. — Endoume est en deuil. — Une belle *planure!*

Hélas! sous quels sombres pressentiments tracions-nous les dernières lignes du paragraphe qui précède? — Notre cher châtelain d'Endoume ne devait pas connaître ces pages où nous nous étions plu à rappeler ce souvenir de jeunesse, ni relire ce chant des heureux jours. Le 1er janvier 1875, d'une main tremblante, il nous écrivait :

« ...... Acte de votre parole, un de ces quatre matins, venez
« me demander à déjeuner. Les coudes sur la table, nous cau-
« serons de notre jeunesse si radieuse et si *lointe!* Hélas!
« si *lointe!* Quelle *planure!* O quelle belle *planure!* En-
« doume!... Je la regrette d'autant plus cette belle jeunesse,
« que bientôt nous serons isolés. Après Berteaut, Désuliet, et
« puis d'autres, et puis d'autres.... Triste! Triste!.... »

Cette lettre nous causa un profond chagrin. Il ne nous avait pas habitué à ces mélancolies. Son écriture n'était plus cette ferme écriture, alerte et gaie, qui lançait le quatrain et le couplet dans l'occasion. Nous ne devions pas nous revoir.

Cette lettre est la dernière que notre ami Larguier nous a écrite. Le mois suivant il succombait brusquement à la maladie qui le minait depuis quelques années. Il laisse d'unanimes regrets parce qu'il était bon et dévoué. Il était aimé de tous. Nous lui devions cet affectueux souvenir.

Le mot *planure*, qu'il nous rappelait, a besoin d'une explication.

Il y a vingt ans nous l'avions entendu ensemble prononcer avec un accent d'enthousiasme qui nous avait attendris! Par une belle matinée de dimanche, nous étions sur le chemin de la Corniche, vers le pont d'Endoume. La mer était superbe dans sa calme majesté. Quelques ouvriers marseillais arrivaient vers nous. A l'aspect de la grande mer, *immensa œquora*, — la plaine liquide des Latins, — l'un d'eux s'écria : *Les Parisiens ont de belles choses, mais ils n'ont pas une belle planure comme ça ! Quelle planure !...* Et tous de répéter en extase : *Oh! oui, quelle belle planure !*

Jacques Offenbach et Méry à Toulon. — Une soirée chez le commandant Garbeiron. — Double improvisation. — Un riche encrier à un riche écrivain. — *A Jacques Offenbach.* — Une leçon de pastel de Courdouan. — Agréable surprise !

Revenons à notre poète.

Passons rapidement sur les vers à Éléonore, les bouquets à Chloris, (en ce temps-là toute femme voulait avoir son album !) sur une série de charmantes romances qui auraient fait le bonheur de Mlle Louisa Puget pour l'une de ses publications musicales fort en vogue alors.

Nous retrouvons, non sans une vive émotion, les vers improvisés au sortir du concert donné par Jacques Offenbach dans la grande salle de la mairie de Toulon.

On a trop oublié aujourd'hui qu'avant d'être le maëstro par excellence de l'opérette moderne qu'il a créée Jacques Offenbach tenait le sceptre du violoncelle. Nous l'avions entendu à Marseille et il nous avait ravi. Méry se joignit à nous pour le décider à venir donner une audition à Toulon. J. Offenbach n'avait pas vingt-cinq ans alors. Il arriva ici dans les derniers jours de l'année 1844, avec sa jeune femme, Mlle Maria Manuela Herminie de Alcain, qu'il venait d'épouser. Le nom de Mme Offenbach dit son origine :

> .... C'est la plus belle fleur des jardins de l'Espagne !
> C'est un rêve d'amour éclos dans l'Alhambra !
> On chercherait en vain dans toute la Castille,
>   Cet œil noir qui pétille,
> Et la grâce et l'esprit dont Dieu la décora !

Ainsi chanta le poète de *la Mer*, en parlant de Mme Offenbach, dans une pièce de vers que nous avons lue à cette époque et dont ce lambeau de strophe revient à l'instant sous notre plume.

De quoi faut-il demander pardon, de l'indiscrétion de notre mémoire ou de son infidélité ?

Les jours qui précédèrent le concert se passèrent en fêtes. Méry, qui aimait la *ville des fontaines* (c'est ainsi qu'il désignait Toulon), n'avait eu garde de manquer cette bonne occasion d'y venir, et surtout il avait eu à cœur de présenter le jeune maëstro à ses amis toulonnais.

La veille du concert, chez le commandant Garbeiron, après avoir fait parler, chanter et pleurer le violoncelle, comme seul il savait le faire, Jacques Offenbach improvisa la musique des trois strophes que Méry venait d'écrire sur l'album de la maîtresse de céans ; et, certes, le maëstro ne prit pas plus de temps pour tracer, sur la même page, les microscopiques notes de sa musique, que le poète n'en avait mis à y inscrire ses vers, de sa grosse et belle écriture qui est resté légendaire dans l'imprimerie de la *Presse* et parmi les ouvriers typographes.

Écriture et musique faisaient grand contraste, l'une à côté de l'autre. A l'aspect de la superbe calligraphie de Méry, on comprend les ovations dont il était l'objet dans les ateliers de la *Presse ;* et les ateliers n'étaient pas seuls à fêter le romancier. La publication d'*Héva*, de *la Floride* et de *la Guerre du Nizam* avait eu un tel succès que les directeurs du journal voulurent en couler en métal le souvenir, et ils envoyèrent à Méry un encrier monumental, digne des plus élégantes créations de l'orfévrerie florentine. Il était d'ébène, orné de figures, de bas-reliefs d'argent, d'ornements et de frises en vermeil. Les sujets des bas-reliefs avaient été pris dans les trois romans de Méry qui sont une amusante odyssée en trois parties. Sur l'une des faces de la base, soutenue par quatre tigres d'argent, on lisait :

Les Administrateurs de la *Presse*
A MÉRY
Hommage à son talent et à son caractère.
Décembre 1844.

Sur les trois autres faces sont inscrits les titres de la trilogie :

Héva, la Floride, la Guerre du Nizam.

Ajouter que les bas-reliefs étaient ciselés par Klagmann — auquel nous devons le fronton du grand théâtre de Toulon — et les ornements exécutés sous l'habile direction de Mail et de Duponchel, c'est dire que cet encrier est un chef-d'œuvre de l'orfévrerie moderne.

Nous aurons occasion de conter tout au long l'histoire de cet encrier dont la perte momentanée fut un des grands chagrins de Méry... Il lui fut rendu par autorité de justice peu avant sa mort... et ce fut là la dernière joie du poète.

Donc, Offenbach nous chanta sa romance sur son violoncelle. A défaut de l'air, nous pouvons vous reproduire les paroles.

TRINITÉ DU POÈTE

Fleur qu'adore
La beauté,
Ciel que dore
La gaité,
Hors la ville,
Frais asile,
Mer tranquille :
C'est l'été !

Lune pleine,
Mer qui luit,
Tiède haleine
Qui la suit,
Sous la treille,
Douce veille,
Sans pareille :
C'est la nuit !

Feu qui dore
Tout séjour,
Et dévore
Chaque jour,
Deuil et fête,
Dans la tête
Du poète :
C'est l'amour !

Jacques Offenbach a-t-il oublié lui-même l'air qu'il avait ainsi improvisé sur les charmantes paroles de Méry? C'est probable. L'histoire ne dit pas si la fille du roi, qui laissait de sa bouche tomber perles et diamants, s'amusait à les tous ramasser.

Le samedi 4 janvier 1845, la grande salle de l'Hôtel de ville était splendide à voir et la soirée fut fort brillante. On se souvient encore à Toulon de *Musette*, une idylle adorable de la composition d'Offenbach que le maëstro exécuta d'une manière merveilleuse. Le talent d'Offenbach, disait une dame qu'un heureux hasard avait placée près de nous et dont la conversation nous charmait, le talent d'Offenbach est de ceux qui n'ont pas besoin d'appréciation. Il eût rendu jalouse sainte Cécile, de mélodieuse mémoire.

Les souvenirs que nous avons rapportés de cette soirée sont encore, après trente ans, aussi vivants en notre cœur qu'au premier jour. Notre ami Jacques Offenbach relira avec plaisir, nous en sommes certain, ces vers qu'il a dû oublier au milieu de ses longs et nombreux succès. C'est pour lui que nous les publions :

A JACQUES OFFENBACH

Après son concert.

Comme Titania, la sylphide,
Votre caprice évoque et guide
Des beaux rêves l'essaim rieur ;
Votre divin violoncelle
Parle la langue universelle
Que parlent les mondes et celle
Qui chante au monde intérieur.

Frais soupirs, plainte matinale
Qui, d'une couche virginale,
Trahit les songes clandestins ;
Rumeur de joyeuse veillée,
Bruit de fête sous la feuillée
Qui, peuplant d'échos la vallée,
S'éloigne et meurt dans les lointains ;

Frémissement d'une aile d'ange ;
Souvenir d'un bonheur étrange
Qu'on ne connut point ici-bas ;
Lamentation des abîmes,
Sanglots humains, appels sublimes
Que nous fait sur les hautes cimes
L'idéal qu'on n'atteindra pas ;

Tout ce que Dieu verse dans l'âme
Et dans les soleils qu'il enflamme
D'harmonieuse passion ;
Voix de l'âme et de la nature,
Tout ce qui résonne ou murmure
Aux lèvres de la créature,
Au cœur de la création ;

Toute chose à votre génie
Porte son tribut d'harmonie,
Ses plus mystérieux trésors ;
Comme l'abeille qui compose
Son miel des parfums de la rose,
Vous, de l'esprit de toute chose,
Vous tirez de divins accords.

Samedi soir, 4 janvier 1845.

A côté de cette symphonie poétique, nous revoyons aussi avec émotion une pièce d'une date postérieure, mais que nous confondons dans les mêmes souvenirs. Elle a été inspirée par un suave pastel de notre Courdouan.

Mme R. M., qui possède un grand sentiment de l'art et qui peint fort bien, ma foi, voulant s'essayer au pastel, avait prié notre peintre aimé de lui en montrer le *procédé*. Le grand désir de Mme R., depuis longtemps, était de voir Courdouan exécuter un pastel! Au jour convenu, elle se rendit à l'atelier de l'artiste et, en moins d'une heure, le pastel était enlevé sous ses yeux attentifs. Jamais élève ne reçut meilleure leçon.

En rentrant chez elle, quelle ne fut pas sa surprise de trouver appendu au mur de son salon le ravissant paysage qu'elle venait de voir naître comme par enchantement.

Voici la pièce :

AU LAC SOUS LA MONTAGNE

A Mme R. M.

*Sur un pastel de mon cher peintre Courdouan,
qu'elle m'avait montré.*

Au premier plan, perdu dans des chênes épais
D'où s'exhale un parfum de mystère et de paix,
Un sentier mène au lac; au bord, la barque est prête ;
Deux voiles au lointain apparaissent. Au fond,
La montagne ; le lac au pied, calme et profond,
Et le soleil couchant qui couronne la crête.

Tout se tait, les zéphirs, les feuilles, les oiseaux;
Nul souffle, nul essor ne plane sur ces eaux
Où l'âme boit l'oubli de toute inquiétude...
Et ces voiles qui vont, au déclin d'un beau jour,
Vers je ne sais quel bord de magie et d'amour,
Sont comme les esprits de cette solitude.

J'ai dans mon souvenir de tels sites. Jadis
Quand, loin des bancs poudreux, m'envolant les jeudis,
Je faisais, par les champs, l'école buissonnière,
Quand l'enfance, cet ange aux naïves ardeurs,
Peuplait mon horizon de sereines splendeurs,
J'eus de ces visions de grâce printannière.

Lorsqu'au trottoir voisin, lieu de nos rendez-vous,
J'allais rire, bondir et jouer avec vous
D'une mouche qui vole et d'un rayon qui brille,
Et que, rêvant déjà, le poète enfantin
Voyait, comme un bourgeon, le charme féminin
S'épanouir au front de la petite fille.

Toulon, 21 mars 1846.

Fables. — La Fontaine en chanson. — *Le Loup et l'Agneau!* — *Les Animaux en république!* — *Sonnets brutaux!* — La Coqueluche à Arcachon. — Boutade en vers. — Un banquet académique. — *Le latin de cuisine.*

On chantonnait beaucoup, il y a quelques vingt ans, *le Renard et le Corbeau*, sur l'air du *Tra, la, la*. La contagion avait gagné de proche en proche, et chacun de s'essayer à accommoder sur ce vulgaire refrain une fable de La Fontaine. Auguste Garbeiron nous en chantait, dans l'occasion, quelques-unes de sa façon, qui nous réjouissaient fort, entre autres *le Loup et l'Agneau* et *la Cigale et la Fourmi*. Voici la première :

LE LOUP ET L'AGNEAU

D'eau claire un jeun' mouton se grisait une fois,
Quand la faim fit sortir, comme on dit, l'loup du bois :
— Qui te rend si hardi, fichu p'tit polisson,
Dit l'animal rageur, de troubler ma boisson ?
  Sur l'air du *tra, la, la*, etc., etc.

— Excusez-moi, *Seigneur*, répond le povéro.
— Oui, compte là dessus, mon cher, et bois de l'eau.

— C'est bien ce que je fais. Sur quoi l'autre en fureur,
— Je vais t'apprendr', dit-il, à faire le farceur.

— Que votre majesté daign' ne pas altérer
Le bonheur que j'éprouve à me désaltérer,
Car je bois poliment au d'ssous d'elle, à vingt pas,
Et sauf votr' bon plaisir l' courant n' remonte pas.

— Raison de plus, morveux, reprit le loup vexé,
Et je sais que de moi tu médis l'an passé.
— Étant moi-même à fair' comment l'aurais-je fait?
— Eh bien! si ce n'est toi, c'est donc ton frèr' cadet.

— Je n'en ai point. — C'est donc quelqu'un de tes papas,
Ou bien c'est ta maman, si de pèr' tu n'a pas;
Or, notr' religion, depuis la pomm' d'Adam,
Fait payer aux moutards la faut' de la maman.

Il faut que je me venge et je m' sens démanger,
Pleutr' pour t'apprendre à vivr' du besoin de t' manger.
Tout est de bonne guerr' contr' ces féroc's agneaux;
Que ton déboir' leur montre à boire dans mes eaux.

Là dessus, ouvrant la gueule, il montre le palais
Où va, sans autre form', se vider le procès.
La raison du plus fort est la meilleur', dit-on,
Ce qui nous donn' le droit de manger du mouton.
    Sur l'air du *tra, la, la*, etc., etc.

Outre ces fables en chansons, nous tenons de la même source une autre série de fables fort piquantes et d'un spirituel bon sens. Elles remontent à l'année 1850. Le titre caractéristique sous lequel elles sont groupées : *les Animaux en république*, donne la note du moment. On les dirait cependant écrites d'hier, tant les choses changent peu dans ce beau pays de France. Les hommes passent, les travers et les abus restent.

Notre ami a buriné sous l'impression douloureuse de nos derniers désastres militaires une série de pièces qui mériteraient d'être recueillies. Les événements politiques qui suivirent la guerre y sont prévus avec la divination du *vates* antique, et jugés fort sainement. Le poète, on le sent, a écrit sous l'inspiration de la fièvre, avec son cœur et ses nerfs. Les titres de quelques-uns de ces sonnets le disent suffisamment ; *la Commune en collaboration, le Peuple, S. M. l'Homme ! A propos de Crémer, Nansouty et consorts, Républicains et Royalistes*, etc. , etc.

Mais passons sur ces compositions brûlantes, comme nous avons glissé sur les fables politiques.

Voici une gracieuse et humoristique boutade. Il nous l'adressait d'Arcachon, où il était allé passer quelques jours avec sa fille et ses petits-enfants malades de la coqueluche :

Arcachon, 8 avril 1874.

Beau printemps ! beau pays !
Il vente, il pleut... que sais-je ?
Sur ces bords inouïs
Tout est possible... il neige,
Et mes yeux ébahis
Voyagent en Norwége.

Le vent sonne des glas
Dans les grands pins funèbres ;
Le spectre des lilas
Seul rit dans ces ténèbres.

Ce morveux de Bassin
Prend, tant il se lamente,

Des airs de Pont-Euxin,
Dans les nuits de tourmente.

Et son flot tapageur
Bat ses bords qu'il émiette,
Comme un moutard rageur
Met à sac sa jacquette.

Brrr ! quel froid ! L'arbousier
Grelotte dans la brume ;
Et, malgré le brasier
Qu'incessamment j'allume,
Je sens sur mon papier
Que ma rime s'enrhume.

En Norwége, ai-je dit :
Erreur ! litote pure !
C'est un pôle inédit
Où trône la froidure.

Et choir en tel fléau
Pour fuir la coqueluche (1),
C'est, pour éviter l'eau,
Se fourrer dans la cruche.

Qui me rendra l'azur
Et la chaude allégresse
De notre beau ciel pur....
Et de notre jeunesse ?

---

(1) Bébé avait la coqueluche, et c'est pour essayer de l'en guérir par le changement d'air que nous sommes venus ici. Belle expédition, et bien réussie !

Cette boutade nous en rappelle une autre qu'il nous chanta, sur l'air du *Curé de Pompone*, dans un banquet annuel de la Société académique du Var, (la Société dînait alors !) En voici quelques couplets :

LE LATIN DE CUISINE

Qui n'a vu la fleur du matin
    Par l'orage ravie ?
Qui n'a perdu tout son latin
    Aux Babels de la vie ?
Mais pour réveiller la gaîté
    De l'amitié qui dîne,
Un idiome d'or est resté :
    Le latin de cuisine.

L'abeille est friande de thym,
    Le dévot d'eau bénite,
Le pédagogue de latin,
    Le sot de son mérite.
Colligeant ces divers ragoûts (1)
    Dans l'humaine officine,
Dieu fit, pour rallier tous les goûts,
    Le latin de cuisine.

. . . .

Ce fut mon supplice enfantin
    Que nul mortel n'évite,
D'apprendre assez mal le latin,
    Pour l'oublier bien vite.

---

(1) La devise de la Société est : *Sparsa colligo.*

J'aurais donné tous nos pédants
    Pour une galantine :
Déjà je mordais à belles dents
    Au latin de cuisine.

Mais à maudire mon destin
    J'aurais mauvaise grâce,
Puisqu'enfin je dois au latin
    De pouvoir lire Horace.
Ce grand philosophe a monté
    Jusqu'à l'ode latine
De compagnie avec la beauté,
    Le latin de cuisine.

. . . .

J'ai vu plus d'un minois lutin,
    Plus d'un moutard... Que dis-je ?
J'ai vu pâlir sur le latin
    Plus d'un petit prodige,
Qui dut, plus tard, stupide et gros,
    Sa trogne purpurine
Et jusqu'aux honneurs électoraux
    Au latin de cuisine.

Du choc des verres le tintin
    Est gai comme un dactyle :
D'Horace le verre latin
    Fut heurté par Virgile.
Nous qui nous enivrons aussi
    De chimère divine,
Revenons sacrifier ici
    Au latin de cuisine.

Une chanson nouvelle de Béranger publiée par le *National*. — *Bonsoir à la Gaîté*, par Auguste Garbeiron. — Une lettre inédite de Béranger.

C'est une chanson qui a fourni à Béranger l'occasion d'écrire une lettre pleine de son grand bon sens enjoué.
Celui qu'on a appelé le Socrate parisien n'en savait pas écrire d'autres.
Comment lettre et chanson ont-elles été écrites ?
Vers la fin de l'année 1847, le *National* nous apporta *Ma Gaîté*, une des chansons nouvelles que Béranger s'était décidé à extraire du manuscrit des *Chansons de sa vieillesse* (ainsi il les désignait lui-même), pour la belle édition du *Béranger illustré*, que son éditeur Perrotin publiait à ce moment. C'était un petit poème mélancolique plein de charmes. Vous rappelez-vous?... Il disait :

>   Ma gaîté s'en est allée.
>   Sage ou fou, qui la rendra
>   A ma pauvre âme isolée,
>   Dieu l'en récompensera.
>   Tout vient aggraver ma perte :
>   L'infidèle, en s'évadant,
>   Au chagrin toujours rôdant
>   A laissé ma porte ouverte.
>   Au logis ramenez-la,
>   Vous tous qu'elle consola.
>
>   . . . .
>   . . . .
>
>   Mais nous désertons la gloire,
>   Mais l'or seul nous fait des dieux ;

Aux méchants si j'allais croire !
Gaîté, reviens au bon vieux.
Tout sans toi me rend à plaindre.
Las! mon cerveau se transit ;
Ma voix meurt, mon feu noircit,
Et ma lampe va s'éteindre.
Au logis ramenez-la,
Vous tous qu'elle consola.

Nous lûmes donc cette chanson dans le *National* et, à peine la lecture achevée, nous entrions dans la salle de garde de notre marin-poète, où nous passâmes délicieusement la soirée. Quelques jours après, avant d'avoir quitté sa garde, il nous lisait une manière de réponse à *Ma Gaîté*, qu'il avait intitulée *Bonsoir à la Gaîté*.

Voici cette chanson :

BONSOIR A LA GAITÉ

Gaîté ! qui de la sagesse
Trahis les secrets grelots,
Des bons cœurs espiègle hôtesse
A qui tu sers les bons mots,
Pourquoi fuir, chère infidèle,
Mon chef gris avant le temps ?
Tu te trompes, hirondelle,
Je suis gueux comme à vingt ans.

Toi par qui le pauvre brave
Maux et dédains, ai-je donc
Par de grands airs d'homme grave
Mérité ton abandon ?

Si j'ai l'humeur pessimiste,
C'est de voir les sots contents
Et l'homme de cœur si triste....
Restons gueux comme à vingt ans.

L'indigence, à ce bel âge
Qui fleurit sous un baiser,
Est le barreau de la cage
Où ton bec vient s'aiguiser.
Sans souffrance, point au monde
D'enfantements éclatants :
Je suis d'espèce inféconde....
Restons gueux comme à vingt ans.

Mouche à miel, qui t'effarouche !
A n'être rien tu m'aidas ;
Vas-tu supplanter la mouche
Du coche de nos Midas ?
Ce triste honneur, s'il t'attire,
Vaut-il l'ombre des printemps
Où nous butinions ce rire,
Trésor des gueux de vingt ans.

Si ton baiser me délaisse,
Vole au génie abattu
Murmurer que la tristesse
Ne sied point à la vertu.
Enseigne-lui la sagesse
De ce gros Roger Bontemps
Qui, pour garder sa richesse,
Resta gueux comme à vingt ans.

La gloire t'allèche-t-elle ?
Rends ton beau thyrse léger

A qui te fit immortelle,
A ton parrain Béranger.
Quoiqu'à son quinzième lustre,
Il est, malgré les autans,
Toujours jeune autant qu'illustre,
Et pauvre comme à vingt ans.

Je n'ai dans ton répertoire
Pris que Lise et des amis ;
Quant à te vêtir de gloire,
A tous ce n'est pas permis.
S'il ne te faut, fine abeille,
Que l'esprit des fleurs, attends.
Je soigne une amour vermeille
Digne d'un gueux de vingt ans.

Mais tu fuis, frêle et doux charme,
Belle fugitive, adieu !
Tout finit par une larme,
Mais tout recommence en Dieu.
Au revoir chez ce bon père,
Si gai, qu'il fit de tout temps
Rire au nez de leur misère,
L'essaim des gueux de vingt ans.

Décembre 1847.

Ne dirait-on pas une des ravissantes inspirations du chansonnier des chansonniers ?

Béranger eut connaissance de cette pièce par les soins de l'un de nos amis auquel il répondit la lettre suivante, digne de figurer dans la *Correspondance* du poète national.

« *A Monsieur Louis Jourdan.*

« Monsieur,

« Au milieu de tout ce tohu-bohu de gens qui se croient en grand crédit, pardonnez-moi de ne vous avoir pas plus tôt remercié de votre bon souvenir, de la lettre toute aimable que vous m'avez écrite et des promesses que vous voulez bien me faire pour Ch. Gil.., à qui je m'intéresse parce qu'il paraît vouloir sérieusement travailler.

« Vous m'envoyez une chanson bien spirituelle, philosophique, facilement tournée, qui décèle un homme qui pense et sait badiner, chose rare parmi nous chansonniers. Ayez la bonté d'exprimer ma gratitude à M. Garbeiron, moins pour les éloges qu'il m'adresse, que pour le genre d'esprit qui règne dans ces couplets, où l'on reconnaît un homme habitué aux idées sérieuses et aux fines plaisanteries.

« Ah! vous me rappelez notre conversation chez Mme Sand. Moi aussi. Il s'agissait de patronage. La République me donne raison. Ne croyez pas que j'en sois plus fier. Hélas! mon cher monsieur, nous sommes encore loin de la décision définitive. Saints-Simoniens et Fouriéristes, nous la ferez-vous trouver? Il faut que l'un de ces jours j'aille causer de tout cela avec le Père. Ce que je sais le mieux, c'est qu'il ne m'est pas réservé de voir la solution de tous les problèmes sociaux qui vont s'emparer de la place publique. Vous autres, qui êtes jeunes, le verrez-vous? Je le souhaite bien.

« Adieu, mon cher monsieur, faites, je vous prie, mes amitiés à Duveyrier, qui devrait nous reparler de la femme. Est-ce qu'il ne s'en occuperait plus depuis qu'il est marié?

« Tout à vous de cœur.

« Béranger.

« Passy, 7 mars 1848. »

Béranger s'y connaissait. Il n'y a rien à ajouter. Nous dirons seulement que nous ferions volontiers violence à la modestie (ou à l'indifférence) de notre cher marin, pour le forcer à publier un volume de vers. Alphonse Lemerre, l'éditeur artiste, pourrait, à la grande joie des amis de la poésie spirituelle et originale, tirer du carton portant ce titre : *Nuits de calme*, dans lequel notre poète a jeté ses vers pêle-mêle, un charmant volume qui tiendrait une très-bonne place dans sa collection des poètes contemporains.

On s'attarderait volontiers à parcourir jusqu'au bout ces feuilles volantes dont chacune éveille en nous quelque souvenir lointain ; mais il faut savoir se borner. Quand vous viendrez à Toulon, je vous livrerai le carton entier où j'ai réuni ce que je possède (vers et prose) de notre poète aimé. Vous qui êtes un fin gourmet des choses de l'esprit, vous pourrez vous en donner à cœur joie.

Vale et me ama.

A. M.

Décembre 1874.

II

FRELONS

> Certes, c'est une vieille et vilaine famille
> Que celle des frelons et des imitateurs.
> ALFRED DE MUSSET.

Quelques variétés indigènes. — L'*Avenir d'Hyères* et l'*Epitre à Louis Daumas,* par Auguste Garbeiron. — Les beaux yeux d'une dugazon. — Un feuilletonniste peu scrupuleux. — Un rustique trop civilisé et *La Véronique* de Pierre Dupont. — *L'Atalante* de Pradier. — Une victoire facile aux jeux floraux de Vaucluse. — Cas de pathologie littéraire. — Un geai paré,... et déplumé.

La tribu des frelons ne fait que croître et multiplier dans la république des lettres. Quand Voltaire s'écriait :

> Que de frelons vont pillant les abeilles,
> Que de Pradons s'érigent en Corneilles....

Voltaire ne faisait que constater un fait déjà fort commun de son temps. Aujourd'hui que l'art d'écrire est devenu une industrie, les faits de baraterie littéraire sont plus fréquents encore. En voici quelques-uns, entre mille, qui se sont passés autour de nous.

Le premier attentat de ce genre nous est fourni par l'*Avenir d'Hyères* qui publia un jour des vers que nous connaissions fort bien, cavalièrement signés d'un nom que nous ne connaissions pas du tout. On nous dit que ce nom était porté par un tout jeune homme, alors à ses débuts, mais qui, depuis, a dû faire son chemin, s'il a continué à voler ainsi..... avec les ailes des autres. *Audentes fortuna juvat,* a dit Virgile.

C'était de l'audace, en effet, que de s'approprier, sans pudeur, des vers dont le souvenir était resté à Hyères, et de les publier sous les yeux de ceux qui avaient entendu le poëte lui-même !

Ces vers avaient été tout simplement pillés dans l'épître adressée à notre compatriote Louis Daumas, à l'occasion de sa statue de Charles d'Anjou, inaugurée à Hyères le 23 novembre 1845, M. Alphonse Denis étant maire de la ville et député du Var. Nous étions tous là, les amis de l'artiste, Courdouan en tête. M. Alphonse Denis prononça un discours plein de nobles pensées, et le commandant Garbeiron salua de ces beaux vers, le Statuaire, Charles d'Anjou, Hyères et la Provence.

Voici le début de la pièce :

A DAUMAS.

Entre les orangers, en face de la mer
Qui mêle ses accords et son parfum amer
Aux bruits mélodieux, aux exhalaisons douces
Qu'épanchent des hauts caps les genêts et les mousses,
Fleurit, sous les baisers d'un soleil fraternel,
Hyères, cette cité du printemps éternel.
Mais d'un attrait nouveau décorant la ceinture
Des îles de parfums que lui fit la nature,
Cette Vénus des eaux, pensive, veut encor
Des chefs-d'œuvre de l'art enrichir son trésor.
Elle a dit à Daumas, notre grand statuaire :
D'une splendeur de plus dote ce sanctuaire
Où, sous un ciel plus bleu, l'oranger toujours vert
Abrite âmes et fleurs des souffles de l'hiver.

Et le hardi sculpteur, pétrissant sa pensée,
A tiré, tout vivant, d'une tombe effacée,
Le duc Charles d'Anjou, ce titan sombre et fort
Qui heurta ces vieux murs d'un si suprême effort.
L'art, ouvrant cet éden à la sombre statue,
S'est montré plus puissant que le glaive qui tue ;
L'art qui donne la vie, accomplit, en rêvant,
Le but qu'en vain tenta l'homme d'armes vivant.
Voilà bien l'*homme noir* qui parle et dort à peine,
Indomptable aux combats, sauvage dans la haine,
Prudent dans les conseils, et d'une austérité
Inébranlable au choc de toute adversité ;
Rigide comme un moine, âpre à rendre justice,
Flanc doublement armé du glaive et du cilice,
Taille haute et nerveuse, œil féroce, teint noir,
Aigle cherchant pâture au front de tout manoir.
Il garde en lui, muets et mystérieux hôtes,
Les hauts pensers féconds en entreprises hautes ;
On sent, à voir ce front farouche et souverain,
Que le rire jamais n'en éclaira l'airain.
Le voilà tel qu'enfin nous l'a légué l'histoire,
Le géant féodal de terrible mémoire,
Le voilà, dans sa calme et sombre majesté,
Superbe de grandeur et de simplicité !

. . . .

L'autre hiver, à Toulon, un jeune présomptueux, comme aurait dit Bilboquet, voulant faire sa cour à la charmante dugazon qui égayait de ses beaux yeux nos soirées théâtrales, ne trouva rien de mieux que de lui envoyer, au dos de son portrait-carte, transcrit d'une calligraphie superbe, un madrigal fort bien tourné, mais qui ne lui avait pas coûté grand frais d'imagination. Il l'avait simplement *emprunté* au voisin.... La dame, flattée du compliment, s'empressa de le communiquer à ses camarades. On chantait ses beaux yeux; il fallait bien se faire un peu jalouser par ses bonnes amies.... Une éphémère feuille de théâtre publia les vers, mais ne donna pas le nom du coupable.

Voici la dernière strophe :

> En vérité, je vous le dis,
> Avec des yeux comme les vôtres,
> On damnerait les douze apôtres
> Et tous les saints du paradis.

Il y a trente ans bientôt, nous avions vu notre poëte-maçon écrire, en se jouant, ce coquet madrigal sur l'album de l'une des plus jolies femmes de Toulon. Notre amoureux avait *cueilli* sa déclaration dans une feuille marseillaise qui l'avait publiée sans signature.

Nous avons connu un écrivain sans talent ni orthographe, mais grand barbouilleur de papier, qui faisait dans un journal une *revue théâtrale* avec les feuilletons des autres.

Dans un compte rendu d'une représentation de *Faust*, il voulut étaler son érudition de pacotille : il cita du latin et de l'allemand, d'après le feuilleton honoré ce jour-là de son attention. Les citations se trouvaient fautives; il les reproduisit scrupuleusement avec les mêmes *coquilles*. On en plaisanta dans un autre feuille. Il riposta bravement qu'il avait *corroboré* son opinion *sur* celle de l'un de ses confrères. — Avait-il voulu écrire *collaboré ?*... La discussion s'aigrit des deux côtés. A bout d'arguments, il envoya du papier timbré : ce qui lui valut 25 francs de réparation. Il les promit à son avocat ; mais un déjeuner fit tout oublier, et cette promesse se noya dans un verre de

> Cet authentique vin, chaperonné de l'algue,
> Que le flot de Toulon jette au pied de Lamalgue.

Voici une variété de l'espèce :

L'excentrique auteur des *Rustiques* était amusant lorsqu'il parlait de nos grands poëtes auxquels il daignait se trouver de beaucoup supérieur. Victor Hugo lui-même n'était pas de taille à faire telle de ses chansons qu'il entonnait joyeusement. Tout ce qu'on pouvait lui dire ne le déconcertait point. Il affirmait un jour devant un groupe d'amis que plusieurs de ses compositions se chantaient sous le nom de Pierre Dupont, auquel il prétendait les avoir vendues ; — que *La Comtesse Marguerite* et *La Véronique*, entre autres, étaient de lui. — *La Véronique* de vous ? Allons-donc, lui ripostâmes-nous fort brusquement ! C'est que nous parlions en connaissance de cause ; un des premiers nous avions entendu Pierre Dupont dire cette mélancolique rêverie, au moment où il venait de la composer ; c'était dans l'atelier de Pradier, et nous avons gardé mémoire de cette journée.

Pradier était un athénien attardé dans le Paris du xixe siècle. Ses statues ont une apparence de réalité supérieure à celles des Grecs, ses aïeux. Phidias idéalisait des déesses, Pradier faisait des femmes. On croirait volontiers à la fable de la Galatée de Pygmalion, lorsqu'on regarde certaines statues de Pradier, dont le marbre semble toujours prêt à s'animer.

Pradier achevait alors une de ses plus gracieuses statues qui nous ravissait : *l'Atalante* se chaussant pour la course. Le maître nous avait permis d'en polir délicatement le marbre ; il nous avait dit ce jour là d'enlever les fleurs à peine ébauchées qui devaient couvrir le socle de la statue ; nous procédions à cette opération timidement et non sans émotion ; lui, le maillet en main, faisait voler en éclats la lyre de la Sapho qu'il terminait aussi ; c'était plaisir de le voir à l'œuvre. Pierre Dupont entra au moment où, un peu confus, nous venions d'ébrécher le ciseau confié à nos mains inhabiles. Le chansonnier revenait du Bois et, en passant devant l'Institut, il avait voulu saluer le statuaire, son ancien voisin, du temps où, sur la recommandation de Béranger, l'auteur des *Bœufs*, du *Pain* et des *Louis d'or*, travaillait au secrétariat de l'Académie française, situé à côté de l'atelier. Le chansonnier fut le bienvenu. Le maître lui demanda s'il avait quelque chanson nouvelle. — Précisément, répondit-il, j'en ai ébauché une pendant ma promenade ; je vais vous en dire les couplets terminés ; et il nous chanta *La Véronique*, qui fut gravée peu de temps après et dont il nous offrit un exemplaire que nous conservons en souvenir de cette heureuse rencontre.

Mis au pied du mur, notre rustique rapsode riait à son tour et, avec un aplomb superbe, il nous contait une autre histoire aussi vraie que celle de *La Véronique*, par exemple les incidents d'une chanson des *Bœufs* (pas celle de Pierre Dupont, qu'il se figurait peut-être lui avoir vendue aussi), mais celle de son ami Piétra, qu'il avait refaite à sa manière et très-bien refaite, après la lui avoir entendu chanter.

Malgré ses excentricités et ses vanteries, l'auteur des *Rustiques* n'en a pas moins un talent fort original, et ses chants mériteraient d'être réunis en volume.

Autre variété :

On nous montrait dernièrement à Marseille, un grand jeune homme sortant de la Maison Dorée dont il est un des habitués les plus assidus. Son nom ne nous était pas inconnu ; mais n'ayant jamais lu ses *Œuvres* nous ne pouvons pas dire qu'il se soit permis de chasser sur les terres du voisin ; seulement il a des tendresses infinies pour les titres des ouvrages des autres. Il les singe volontiers. Voit-il l'annonce d'un livre, sait-il qu'on prépare telle pièce, lit-il dans un journal le premier article d'une série d'études qui excitent la curiosité, vite d'annoncer ou de publier un livre, une pièce ou des articles analogues !..

Ce n'est pas tout : à l'occasion des fêtes de Pétrarque, à Avignon, notre beau jeune homme, qui a pignon sur rue (excellent parti), voulut se poser en prétendant aux faveurs de *Miréio*. Mais on n'était pas *felibre*, et l'on ne devient pas *felibre* du jour au lendemain !.. Le temps pressait pourtant, et la déclaration devait arriver à jour fixe. Comment faire pour l'écrire dans le langage de la belle *Masiére* qui ne lui était pas du tout, mais pas du tout familier ? Il s'avisa (tant l'amour est ingénieux !) d'un expédient qui lui réussit à merveille. Il choisit, dans une sorte de manuel des amoureux, un sonnet de Pétrarque et alla chez le voisin, le priant de lui prêter sa plume de *felibre* pour écrire un mot à *Miréio*. Le voisin, plus prêteur que la fourmi, mit gracieusement sa plume au service du concurrent dans l'embarras. En un clin d'œil le sonnet fut travesti en langage *felibren*, et le beau jeune homme, le cœur en joie, courut chez lui recopier proprement sa déclaration.... d'emprunt, la cacheter à ses armes et l'expédier au comité qui devait choisir les plus dignes.

Le voisin complaisant avait, de son côté, envoyé au concours une série de sonnets traduits aussi de Pétrarque, auxquels il avait mis tous ses soins.

Le plaisant de l'histoire c'est que le sonnet d'emprunt...

Sic vos non vobis...

fut couronné, et que les autres n'eurent pas même une mention.

Le beau jeune homme a prétendu, assure-t-on, que, sans une question de galanterie qui aurait tout primé (c'est lui qui parle), *son* sonnet.., qui n'a obtenu que le second prix, aurait eu le premier. Mais ce sont de mauvaises langues qui répètent ces choses hasardées... Il ne faut pas les croire....

L'*Illustration du Var* (Toulon, 1872) inséra dans un de ses numéros de fort jolis vers qui lui avaient été donnés comme inédits. Ils ne l'étaient pas, — ce qui n'ôtait rien à leur grâce ; mais — ceci est plus grave — ils n'appartenaient pas à celui qui les avait envoyés et signés de son nom. La pièce était de notre ami Hippolyte Maquan. Elle avait été prise dans l'intéressant recueil intitulé : SOUS LES OLIVIERS, *album de Provence*, qui, en 1861, paraissait à Draguignan.

Reconnu par un des rédacteurs de cet ancien recueil, ce geai, à peine *defornieou*,

. . . . Se vit bafoué,
Berné, sifflé, moqué, joué....

dans les colonnes du journal qu'il avait paré des plumes d'un autre. — La leçon lui profita-t-elle ?

Voici la naïve explication qu'il donna de son larcin :

Il s'était trompé de feuillet; en recopiant, pour l'*Illustration*, cette pièce qu'il avait transcrite sur son album, parmi des vers de sa façon, il l'avait crue sienne ! — Il n'y avait plus rien à répondre.

Au collége, certains élèves s'amusent à faire ce qu'ils appellent des *cahiers de vers*. Ils recueillent là ce qui les a le plus frappés dans leurs lectures et, chacun, selon son goût, se compose ainsi une petite anthologie poétique à son usage particulier.

Quelqu'un nous disait à ce sujet avoir connu sur les bancs un singulier élève qu'on avait surnommé le poëte. Ce *poëte* avait la manie de mêler, dans ses *cahiers*, ses jeunes élucubrations aux vers bons ou mauvais qu'il ramassait un peu partout, sans jamais en indiquer la provenance ; c'était un tel amalgame qu'il finissait par s'y perdre lui-même : aussi lui arrivait-il souvent de dédier à ses camarades les vers des autres. On en riait beaucoup ; on l'accablait de railleries pendant les récréations ; il recommençait le lendemain.

Notre jeune homme aurait-il les mêmes habitudes de composition que cet étrange élève ?

Dans le courant de l'année 1875, il a paru à Marseille un volume de vers, signé d'un pseudonyme transparent qui s'étalait avec importance dans une feuille de théâtre illustrée de photographies d'artistes. La petite presse marseillaise a salué d'un grand éclat de rire l'apparition de ce volume, en signalant trois pièces textuellement copiées dans les œuvres de Lamartine, de Victor Hugo et de Leconte de Lisle.

Nous avons sous les yeux un des beaux exemplaires de ce petit volume, imprimé en lettres d'or, qui n'est autre qu'un recueil de poésies *empruntées* à divers auteurs ! Malheureusement cet exemplaire — qui ferait la joie d'un amateur de curiosités bibliographiques — a été lacéré. Nous ne savons quelle main amie en a enlevé les feuillets 39 et 104 où se trouvaient la pièce de Lamartine et celle de Victor Hugo qui avaient été plus particulièrement désignées par la presse.

Mais cette main amie aurait bien dû déchirer aussi les pages 63 et 86 où s'étalent deux pièces des *Poëmes barbares* de Leconte de Lisle : *La Vérandah* et *Le Rêve du Jaguar*. Seulement, dans la reproduction, la première a pris le titre d'*Orientale* et s'est enrichie d'une dédicace. De plus, dans ce vers :

Tandis que l'oiseau frêle et le frelon jaloux,

le mot *frelon*, chose singulière, se cache sous le mot *insecte*. L'*arrangeur* redoutait-il de prêter à une allusion personnelle ?

Dans *Le Rêve du Jaguar*, un mot substitué à un autre a ainsi gâté un vers qui faisait image. Au lieu de :

Sous les noirs acajous, les lianes en fleur....
Bercent le perroquet splendide et querelleur.

on lit :

>Sous les noirs acajous, *des* lianes *en fleurs*....
>Bercent *des perroquets bavards* et querelleurs.

La même main obligeante aurait dû ensuite mettre en pièces les pages 29, 72, 73, 75 et 78 contenant les cinq pièces suivantes : 1° *Rêves et Illusions, à Mlle Anita ;* — 2° *Carpe diem (chanson d'automne) ;* — 3° *Per amica silentia lunæ ;* — 4° *Femmes et Fleurs, à Mlle Marguerite C***, à Sens ;* — et 5° *A Mlle X***, du Gymnase,* — qui ne sont que cinq pièces tirées de *La Vie inquiète* de Paul Bourget.

Qu'on prenne le volume de M. Paul Bourget publié par Alph. Lemerre (1875, in-18) et on les trouvera, sous leurs vrais titres, la première, *A une autre*, page 52 ; — la deuxième, *Chanson d'automne*, page 135 ; — la troisième, *Une Nuit d'été*, page 180 ; — la quatrième, *Très-vieux vers*, page 129, — et la cinquième, *Une d'elles, à Edmond Duros*, page 174 ; — celle-ci, outre le titre, avec la simple substitution d'un mot au second vers.

Voici le texte de Paul Bourget :

>Elle a, pour enchanter les cœurs
>Des poëtes et des artistes,
>De grands yeux bleus, tendres et tristes,
>Et de méchants rires moqueurs.

Les *artistes* se sont métamorphosés en *journalistes !* Les circonstances l'exigeaient sans doute ainsi !

La dernière strophe de cette pièce :

>Charmante fille impitoyable,
>Elle aura vingt ans à l'été,
>Et le diable de la beauté
>Lui donna la beauté du diable.

a été, — au courant d'un article de la *Revue des Deux-Mondes* du 1ᵉʳ août 1875, sur les *Poëtes contemporains*, citée au compte de l'auteur de *La Vie inquiète*. — Espérons qu'à la suite de cette citation, la paternité de la pièce ne sera pas contestée à M. Paul Bourget!... On voit des choses si extraordinaires en littérature!... Nous aurons bientôt occasion de dire comment un sonnet de Joséphin Soulary, devenu la proie de deux plagiaires, suscita entre les deux larrons une querelle qui les couvrit de confusion et de honte.

Nous ne sommes pas au bout!... Il aurait fallu encore lacérer les pages 96 et 97 ; la pièce : *A quoi pensais-tu donc?* qui les remplit, a été copiée dans *La Vie intime* d'Antoine de Latour, dont la première édition remonte à 1833. Ouvrez les *Poésies complètes* de M. de Latour, publiées par Plon (1871, in-18), et vous trouverez, page 95, la même pièce sous le titre : *Une larme*. Elle débute ainsi :

Quand, sous les lèvres de ta mère,
Ton front, ô jeune fille, est venu se placer,
J'ai vu, pleins de langueur, tes longs cils s'abaisser...

On s'est contenté de varier ainsi ce dernier vers :

J'ai vu *languissamment*....

Plus bas, le vers :

Tu lisais à l'écart quelque récit d'amour !

s'est transformé en celui-ci :

Tu lisais *les hauts faits de quelque troubadour*.

A la strophe suivante le texte portait :

C'est donc qu'en t'éveillant, une glace infidèle
A tes propres regards t'aura faite moins belle.

Nous trouvons :

A tes *regards d'azur*....

La dulcinée du jeune homme devait avoir les yeux bleus !

Sauf l'orthographe et la ponctuation, le changement des titres, les dédicaces ajoutées et la substitution des quelques mots signalés, toutes les pièces citées sont exactement reproduites.

Les pages 57 : *Le Vannier,* et 79 : *A M. l'abbé Ant. R**** n'auraient pas dû rester aussi, non qu'on y retrouve textuellement *La chanson du Vannier* d'André Theuriet et *La Fauvette du Calvaire* d'Hégesippe Moreau, mais parce que ces deux charmantes pièces y sont défigurées à plaisir.

Les sonnets des pages 34, 111, 112, 113, 114 et 115 nous semblent d'origine suspecte. — Ne seraient-ils pas, par hasard, du traducteur des *Fables de La Fontaine en vers provençaux?*

Nous allions oublier aux pages 13, 14 et 15, la pièce : *A la Provence*, qui a été fabriquée avec une pièce d'H. Maquan et l'ode A LA PROVENCE, de V. de Laprade. On y lit :

> L'éclat de ton soleil rend mon âme plus grande :
> Dans tes bois embaumés de sauges, de lavande,
> Le soir, sous ton beau ciel, le long des chênes verts
> J'ai senti dans mon cœur naître les premiers vers.

C'est du Laprade défiguré. Qu'on en juge :

> Ton azur plus profond fait leurs ailes plus grandes,
> Chez toi, sous ton soleil, le long des chênes verts,
> Dans l'air tout embaumé de sauges, de lavandes,
> J'ai senti de mon cœur voler mes premiers vers.

Nous aurions plaisir à reproduire la pièce de Laprade. — Nous l'avons relue avec bonheur au milieu des bourdonnements de cette troupe de frelons surpris en maraude. Nous rappellerons seulement que ces beaux vers sont datés d'Hyères où le poëte était venu, dans le courant de l'hiver 1859, prendre quelques jours de repos. La Société académique du Var en a eu la primeur dans la séance extraordinaire qu'elle a tenu, le 17 janvier 1859, en l'honneur de M. Victor de Laprade, l'un de ses membres les plus illustres. On les trouvera en tête du bulletin de la Société de 1860, (27ᵉ année, p. xiii.)

Mais ce n'est rien qu'une seule strophe *démarquée* dans cette pièce. Sur soixante-huit vers dont elle se compose, quarante appartiennent à H. Maquan..... et les autres ?...

Notons que la pièce porte cette mention : « Couronnée au concours de Verrières (Loire), 18 juin 1870. » De qui faut-il rire ? — Du lauréat ou des juges ! — Si la bonne foi des juges a été surprise, ils ont couronné des vers comme ceux-ci qui ont été interpolés dans la pièce :

C'est Aix, où tant de fois Ronsard, le grand trouvère,
Lorris et du Bellay, loin de leur père et mère.....:

Tirons l'échelle !..

Les deux sonnets *Vous!* et *Lui!* des pages 82 et 83, les quatre sonnets sous le titre : *Silhouettes de Provence*, des pages 116, 117 et 118 sont encore de H. Maquan ! Se serait-on de nouveau trompé de feuillet ? Ce geai qui vient d'être déplumé aurait-il quelque parenté avec celui qui était allé se pavaner dans les colonnes de l'*Illustration du Var* ? Nous n'oserions pas dire non.

Mais arrêtons-nous ! Les 124 pages du volume y passeraient toutes.

Si la main amie avait été mieux inspirée, elle aurait mis le livre au pilon au lieu d'en arracher seulement deux feuillets !!!

C'est peut-être trop longtemps insister sur un cas de pathologie littéraire. Que ceux qui nous liront nous excusent en faveur de l'intention. — Puissions-nous avoir guéri ce jeune malade de la manie de faire imprimer les vers des autres sous son nom.

Joséphin Soulary au pillage. — A frelon frelon et demi. — Résurrection d'une sotte revue. — *Les Rêves ambitieux* et feu Xavier Bastide. — *Le Sphinx de Solliès-Pont* (Var)? — Explication qui n'explique rien. — Récidive. — Les deux poëtes lyonnais. — M. Louis Veuillot. — L'auteur des *Sonnets humoristiques* peint par l'auteur d'*Emaux et Camées*.

Qui ne connaît Joséphin Soulary, de Lyon, le *maître sonneur de sonnets*, comme l'appelait Sainte-Beuve ?

Trois ou quatre de ses sonnets sont devenus classiques, dans le vrai sens du mot, a dit un critique fort érudit qui se distingue par un bon sens et une logique inébranlables (M. Francisque Sarcey). Vous vous trouvez avec des amateurs dans un salon, et la conversation tombe par hasard sur les différents genres de poésie, et en particulier sur les sonnets ; vous pouvez être sûr qu'un des assistants entonnera tout de suite le premier vers de la célèbre pièce :

Si j'avais un arpent de sol, mont, val ou plaine,

et tout aussitôt deux, trois, quatre voix continueront,

Avec un filet d'eau, torrent, source ou ruisseau,

à moins qu'on ne cite encore le fameux sonnet qui est dans toutes les mémoires, un chef-d'œuvre de sensibilité et de grâce :

LES DEUX CORTÉGES.

Deux cortéges se sont rencontrés à l'église :
L'un est morne, — il conduit la bière d'un enfant.
Une femme le suit, presque folle, étouffant
Dans sa poitrine en feu le sanglot qui la brise.

L'autre, c'est un baptême. Au bras qui le défend
Un nourrisson gazouille une note indécise ;
Sa mère, lui tendant le doux sein qu'il épuise,
L'embrasse tout entier d'un regard triomphant !

On baptise, on absout, et le temple se vide.
Les deux femmes, alors, se croisant sous l'abside,
Echangent un coup d'œil aussitôt détourné.

Et, — merveilleux retour qu'inspire la prière, —
La jeune mère pleure en regardant la bière,
La femme qui pleurait sourit au nouveau-né.

Ces deux fins bijoux, si délicatement ciselés, ont excité la convoitise de pas mal de frelons littéraires. On ne s'est pas contenté de se les approprier, on s'en est disputé la paternité. Les uns ont gratté la signature du ciseleur renommé pour y substituer leur nom obscur, les autres les ont étourdiment signés d'un nom en l'air, ou supprimé la signature.

Il y a quelques années, *Les Deux Cortéges* parurent dans une petite feuille marseillaise avec la lettre H. pour signature. Le *Nouvelliste* plaisanta le timide M. H. sur sa grande modestie qui l'avait retenu de signer ce petit chef-d'œuvre de son nom en toutes lettres et raconta, au sujet de ce sonnet, un cas particulier et vraiment extraordinaire : un journaliste de la Nièvre, ayant à son tour dérobé le même bijou à l'écrin de Soulary, il s'était trouvé un monsieur de la Charente qui criait au voleur. Ce monsieur osait revendiquer la paternité de ce sonnet, en appuyant ses prétentions d'un petit volume de vers de sa façon, publié antérieurement, dans lequel il avait glissé les *Rêves ambitieux*. Le journaliste, pris en flagrant délit, les ciseaux à la main, ne dit mot ; l'autre fit tant de bruit autour de son volume, que les exemplaires qui encombraient la boutique du libraire étaient enlevés à sa grande joie. Ses amis le félicitèrent à qui mieux mieux; mais sa joie ne fut pas de longue durée : l'arrivée d'un exemplaire des *Sonnets humoristiques* le jeta dans la confusion. Honni, conspué de toute part, le Charentais fut contraint de quitter le département.

Un ancien recueil oublié, qui vient de ressusciter.... sous les auspices d'une princesse étrangère, a illustré des *Rêves ambitieux* son premier numéro daté de janvier 1875. (Nous le désignerons indifféremment par : la *Revue* ou la *Rédaction*.)

Bien qu'il soit fort connu, on relit toujours ce sonnet avec tant de plaisir qu'on ne saurait trop le propager.... Propageons-le :

RÊVES AMBITIEUX.

Si j'avais un arpent de sol, mont, val ou plaine,
Avec un filet d'eau, torrent, source ou ruisseau,
J'y planterais un arbre, olivier, saule ou frêne,
J'y bâtirais un toit, chaume, tuile ou roseau.

Sur mon arbre, un doux nid, gramen, duvet ou laine,
Retiendrait un chanteur, pinson, merle ou moineau,
Sous mon toit un doux lit, hamac, natte ou berceau,
Retiendrait une enfant, blonde, brune ou châtaine.

Je ne veux qu'un arpent; pour le mesurer mieux,
Je dirais à l'enfant la plus belle à mes yeux :
« Tiens-toi debout devant le soleil qui se lève ;

Aussi loin que ton ombre ira sur le gazon,
Aussi loin je m'en vais tracer mon horizon. »
— Tout bonheur que la main n'atteint pas n'est qu'un rêve!

Mais pourquoi ce sonnet avait-il été signé *Xavier Bastide* ? On était allé chercher bien loin une signature en l'air, quand on avait sous la main le nom de l'artiste qui avait si merveilleusement taillé ce pur diamant! Le directeur de la *Revue* n'avait qu'à feuilleter la collection de l'*Écho du Var*, auquel il avait parfois collaboré, et il aurait trouvé, dans le numéro du 6 décembre 1868, les *Rêves ambitieux*, signés JOSÉPHIN SOULARY et non *Xavier Bastide*.

Avant lui, vingt autres journaux de Paris et de la province avaient reproduit ce sonnet. Nous l'avons même trouvé dans le *Guide de l'Amateur* de M. P......, qui ne pouvait guère parler de la rue où « se trouve le Tibur retiré de l'Horace lyonnais, l'auteur des *Sonnets humoristiques* et des *Figulines* » sans citer les *Rêves ambitieux*. — Ces quatorze vers, — qui valent un long poëme, — ont paru pour la première fois dans *La Revue du Lyonnais*, alors administrée et imprimée par M. Vingtrinier, successeur de Léon Boitel, un ami du poëte; et avant de venir s'égarer dans le recueil qui nous occupe, ils ont eu bien des fois le sort des pommes du voisin.

Nous avons eu le plaisir d'être en bonnes et amicales relations avec Léon Boitel. C'était un homme charmant. Nous lui devons l'honneur d'avoir connu Mme Desbordes-Valmore dans les dernières années de sa vie. Nous n'avons pas oublié la promenade que nous avons faite au coteau de Fourvières avec notre ami Victor de Laprade et lui. Quelles bonnes heures nous passâmes là. — Léon Boitel a donné la première édition de deux volumes de vers de notre poëte-maçon Ch. Poncy : *La Chanson de chaque métier* (1850), et *Le Bouquet de Marguerites* (1852). Sa mort, bien malheureuse, nous a vivement affligé. En août 1855, par une belle journée de dimanche, se trouvant à la campagne avec sa famille, Léon Boitel voulut se baigner dans le Rhône. Le courant l'entraîna, sous les yeux des siens impuissants à lui porter secours....

Mais pourquoi donc le nom de Xavier Bastide a-t-il été substitué au nom de Joséphin Soulary au bas des *Rêves ambitieux* — ce sonnet que tout le monde connaît ? — La chose est bien simple : on ne connaissait ni Joséphin Soulary, ni ses *Sonnets !* — Eh ! que ne l'avouait-on tout de suite et franchement, au lieu de donner une énigme à deviner ?

Au lendemain de la résurrection de la *Revue,* un de nos bibliophiles provençaux, fort instruit, M. Robert Reboul, releva, entre autres choses, dans une piquante brochure (1), cette étourderie littéraire de la rédaction, qu'on pouvait d'un simple *erratum* expliquer dans le numéro suivant. — On se garda bien de le faire. On glissa mystérieusement, sur la couverture du cahier de mars, parmi les annonces, à propos d'une hyperbolique réclame médicale (2) au profit de M. Adrien P......, fils, dans laquelle on faisait inopinément intervenir le nom du sonnettiste lyonnais, cette petite note plus qu'énigmatique, mais grosse de promesses : *Nous devons à M. J. Soulary une réparation, nous n'y faillirons pas.*

Cette *réparation* arriva avec le cahier d'avril, mais elle ne réparait rien, et ne faisait que rendre la chose plus obscure encore.

---

(1) Le *Solliès de Solliès-Pont* (Var). 1875, in-8º de 35 pages.

(2) Qu'on en juge : « L'*Homœopathie des familles et des médecins, revue mensuelle publiée par Adrien P....., fils.*

« Que ce recueil, sorti de la plume de notre éminent collaborateur, soit remarquablement écrit, nos abonnés n'en doutent point. Mais ce que l'on peut ignorer, c'est le profond savoir, les recherches curieuses, les aperçus nouveaux, l'érudition immense dont il est richement fourni.

« On peut dire qu'il a été acclamé dès son apparition. Un homme dont le nom seul fait autorité, Joséphin Soulary, en fait un éloge en des termes que nous serons heureux de reproduire un jour (*). Nous sommes *tout à tous* et notamment aux hommes dont les œuvres portent le cachet de la supériorité. »

(*) Nous devons à J. Soulary une réparation, nous n'y faillirons pas. — D. R.

Nous transcrivons :

« UNE RÉPARATION. — Il est juste de rendre à chacun ce qui lui revient. C'est donc un devoir pour nous de faire une rectification d'autant plus importante qu'elle regarde un homme distingué, un talent hors ligne. *Voici le péché involontaire* : le célèbre sonnet des *Rêves ambitieux* appartient à l'éminent poëte JOSÉPHIN SOULARY. Nous lui avons fait connaître *la source de notre erreur* ce qui nous a valu une lettre charmante, comme savent en écrire les hommes supérieurs. — LA RÉDACTION. »

Qu'a voulu dire le *Sphinx*?.... — On le comprend d'autant moins, que la bévue commise dans le cahier du mois de janvier, s'étale en grosses lettres dans celui de décembre : la table des matières attribue de nouveau à Xavier Bastide la paternité du sonnet de Joséphin Soulary. A quoi pouvait bien penser la *Rédaction* en préparant cette table?... Mystère !...

Après l'aventure des *Rêves ambitieux* de nouvelles surprises nous étaient réservées.

Nous corrigions les épreuves de ces *Notes*, quand nous avons découvert un nouvel *emprunt* fait à J. Soulary. C'est le sonnet sans signature qui se trouve dans le cahier de juillet, p. 227, entre deux de ces vulgaires *anecdotes* prétendues *historiques* qui traînent dans tous les recueils d'anas, et une de ces mirobolantes réclames dont le directeur de la *revue* a seul le secret et... la manie. Nous détachons quelques lignes de cette réclame....

Sous ce titre : LE PORTRAIT, on fait *assavoir à tous qu'il appartiendra qu'* « en envoyant 10 fr. dans une lettre de demande,
« adressée au directeur.... à...., on recevra, par son intermé-
« diaire, le *portrait graphologique* de la personne dont on
« aura fourni quelques lignes d'écriture *naturelle.* — Les
« abonnés à la *revue* jouiront de la réduction de 5 fr. — S'a-
« dresser au directeur ».

On ne dit pas si la même faveur est accordée aux militaires non gradés et aux bonnes d'enfants !

N'est-ce pas superbe et amusant ?...

Ce deuxième sonnet est donné sous le couvert de l'anonyme : on en a supprimé le titre ; on l'a émaillé d'une ponctuation de fantaisie et, de plus, on l'a corrigé un brin, — ce qui a déterminé une légère entorse grammaticale à la chute du dernier vers.

Mais le chef-d'œuvre du genre, c'est cette mention plus qu'énigmatique mise au bas en guise de signature : *on ne demande pas, on devine l'auteur de ce sonnet.* — C'est là, peut-être, une façon toute nouvelle, fort intelligente et très-spirituelle de présenter un sonnet à ses abonnés, mais à coup sûr ce n'est pas ainsi que l'on justifiera la prétention *de rendre à chacun ce qui lui revient* ...

Nous rétablissons le texte dans son intégrité, avec son titre, d'après la dernière édition des œuvres de Soulary, (Alph. Lemerre, 1872, tome I, p. 252) en mettant en *italiques* les mots qui ont été changés :

IL EST D'HEUREUX MORTELS

Il est d'heureux mortels *poussés* en bonne sève ;
Leur vie est minutée aussi *clair* qu'un exploit ;
Ils ont bridé le sort, suivi le sentier droit,
Et mis le pied du fait dans le sillon du rêve.

Ils gagnent les gros lots, ils sont rois de la fève ;
C'est à point qu'ils ont chaud, à propos qu'ils ont froid ;
Et, comme au jour prédit leur mère les conçoit,
C'est à l'instant prévu que la mort les enlève.

Pour moi c'est différent ! tout me fut traquenard,
Le guet-apens du sort m'attend sous chaque chose :
Je veux courir ? je chois ; j'aime Laure ? j'ai Rose.

Étant né d'aventure et vivant de hasard,
Je mourrai d'accident. — Encor suis-je capable,
Moi mort, d'aller à Dieu, pensant aller *au* diable.

Quelles raisons donnera-t-on des *changements* indiqués ? — Dira-t-on que c'est *involontairement* que l'on a substitué : *venus à « poussés* en bonne sève » ; — aussi *bien* à « aussi *clair* qu'un exploit » ; — *pour eux sont* les gros lots à « *ils gagnent* les gros lots » et pensant aller *à* diable à « pensant aller *au* diable ? — La chose ne serait pas possible après la publication de la table des matières du volume telle qu'elle a été rédigée…. on a persisté dans l'impénitence, en ne pas restituant les *Rêves ambitieux* à J. Soulary ; on laisse croire à un parti pris en accolant, sous la même rubrique : A*necdotes historiques et Sonnet par* X…, des vers de Soulary aux anas qui figurent sur la même page.

Cette manière de faire ouvre le champ à toutes les conjectures. On se demande ce que l'on a voulu : ou frustrer le poëte d'un hommage ou d'un droit qui lui revient, ou faire endosser à une de nos gloires littéraires la paternité des ineptes anas dont on a encadré l'un de ses sonnets, ou, sous l'équivoque de l'anonyme….

« Mais qui peut deviner de quel dessein nouveau
Les efforts souterrains travaillent ce cerveau ? »

On peut être « un savant polygraphe, chevalier du très-noble
« ordre de la Rédemption, membre de l'Athénée de Paris, de la
« Société astronomique de France, de la Société archéologique

« et géologique du Var, de la Société gallicane de médecine de
« Paris, des célèbres académies d'Aci-Reale, de Larino, de Cas-
« tro-Reale, du Progrès de Palazzola, membre honoraire, mé-
« daillé, de l'Institut national italien, membre d'honneur pro-
« tecteur, médaillé, de la Société des sauveteurs du sud de
« l'Italie, ancien membre de la Société académique du Var,
« membre honoraire de l'Académie de la Mirandole, membre
« correspondant de la Société électro-magnétique de Bologne et
« de la Société historique archéologique de la Haute-Italie, etc. »
— on peut se complaire dans l'énumération de tous ces titres (1)
pour « faire préjuger de la valeur de celui qui les porte », et pour
laisser croire qu'on pourrait bien posséder un « savoir vraiment
universel » capable d'en remontrer à cet autre Italien vantard du
xve siècle, qui avait publiquement exposé à Rome neuf cents
propositions de dialectique, de morale, de physique, de mathé-
matique, de théologie, de magie naturelle et de cabale, etc., etc.,
et offrait de soutenir, *urbi et orbi*, ces fameuses thèses *de
omni re scibili*, — comme il l'osait dire, — *et de quibusdam*

---

(1) Voir le premier cahier de la *Revue*, où s'étale sur la couverture, la reproduction d'une réclame de M. le docteur A. P... publiée dans le *Châtiment* de Nîmes.— Voir aussi le n° de janv. 1875 p. 29 et 30 de la publication citée dans la précédente note et dont il est amusant de donner ici le titre exact : *L'Homœopathie des familles et des médecins*, revue consacrée à la propagation de l'homœopathie parmi les gens du monde, les amis du progrès en médecine, les maisons d'éducation, les curés de campagne, les communautés religieuses etc., etc , publiée par Adrien P... fils, médecin consultant, membre de l'académie royale homœopathique de Palerme, de la société hahnemannienne fédérative, de la société d'étude des sciences naturelles de Nîmes, de la société des conférences anatomiques de Lyon, médecin de la faculté de Montpellier, etc., etc.

Loin de nous toute pensée de malveillance pour l'homœopathie dans la reproduction de pareilles annonces. Nous n'avons voulu que blâmer l'abus de la réclame. Cet abus est poussé ici à un tel point, que la vieille maxime latine, applicable à deux personnes qui s'adressent mutuellement des éloges outrés, revient d'elle-même à la mémoire de chacun.

aliis, — comme a malicieusement ajouté Voltaire ; — on peut s'improviser rédacteur, directeur et propagateur à travers la Méditerranée, le Var... et divers autres lieux... d'une revue mensuelle, « scientifique, archéologique, numismatique, géologique, « astronomique, historique, anecdotique, médicale, agricole, lit- « téraire, artistique, industrielle, etc., etc... » N'avons-nous rien oublié ? — s'agiter pour que rien de ce qui est humain et surhumain, naturel ou surnaturel ne soit étranger à sa publication ; — y traiter de tout, même des théories galantes de Ninon de Lenclos (1) — à titre de bon exemple sans doute à propager dans les chaumières et les pensionnats ; — on peut dire et faire tout cela, et plus encore, et pourtant ignorer l'existence de Joséphin Soulary, que l'Italie a couronné... Mais s'emparer, pour en embellir sa *Revue,* d'un beau sonnet trouvé par hasard dans le livre de l'un de ses collaborateurs et le mettre bravement sur le compte du poëte qui a signé, au feuillet précédent, des vers adressés à l'auteur même de ce sonnet ;... tout confondre... *prendre* un second sonnet à J. Soulary et le publier sous le voile de l'anonyme... c'est, pour le moins, de la légèreté ! Tout directeur de revue doit être plus circonspect dans l'exercice de ses fonctions !... Et, s'il lui arrive de *pécher,* même *involontairement,* son devoir est d'en donner avis, tout de suite et franchement, à ses abonnés. — Ainsi faisait hier, (27 janvier 1876) spontanément et sans détour ni réticence, le directeur de la *Vie littéraire* pour deux triolets faussement attribués, dans le numéro précédent, à M. Albert Mérat.

Et pourquoi a-t-on inventé l'*erratum ?* — Mais, le *péché* révélé, prendre des détours, faire de demi-aveux timides et tardifs, pour récidiver à la fin du volume, ce n'est pas dans le tempérament de notre pays !

(1) Voir l'édifiante histoire du *Chevalier de Villiers.*

Mais qu'était-ce que Xavier Bastide se demandera-t-on peut-être ?

Xavier Bastide a publié bien des vers, mais il ne s'est jamais attribué ceux des autres. On chercherait vainement les *Rêves ambitieux* dans ses *Flocons de neige*, dans ses *Mandragores* et dans son *Branle-Bas*. Il avait de l'esprit, une grande abondance et une verve toute méridionale. Sa muse se serait trouvée à l'étroit et mal à l'aise dans les exigences du sonnet. Aussi n'en lit-on pas un seul dans ses œuvres.

Xavier Bastide a exercé la médecine à Lyon. Il faisait partie, avec Joséphin Soulary, d'un groupe de littérateurs lyonnais qui se réunissaient mensuellement dans des agapes poétiques, où l'on lisait et où l'on chantait des vers. — C'était une tentative de restauration de l'ancienne *Société des Intellligences* (avec trois L), dont la gaîté était restée légendaire, et qui avait quitté ce nom trop prétentieux pour un nom plus *humain*, celui des *Bonnets de coton*.... Mais les temps n'étaient plus à la gaîté, ou plutôt ils n'avaient plus que la gaîté qu'ils méritaient ;... on n'en payait pas moins son écot en chanson. A la réunion du 15 juillet 1858, Xavier Bastide adressa *A ses Amis* une joyeuse chanson qu'ils applaudirent tous et dans laquelle se trouvaient ces deux vers :

> Si j'avais la voix sympathique
> De notre frère *humoristique*...

qui faisaient allusion à la récente édition des *Sonnets humoristiques* de Joséphin Soulary où les *Rêves ambitieux* se lisent aux premières pages du volume.

Une des strophes de cette chanson commençait ainsi :

> Pour des couplets tournés en double sens,
> Peladanus, un des sots de la ville,

Hier, d'une voix incivile,
Osa traiter mes refrains d'indécents.

. . . .

A cette époque paraissait, à Lyon, un recueil intitulé : *La Semaine religieuse*, publié par M. A. P....., qui a publié aussi, avant ou après, ou peut-être en même temps, *La France littéraire, artistique et scientifique* et un *Guide de l'amateur*, etc.

Quel singulier hasard fait aujourd'hui rencontrer le nom de Xavier Bastide dans la même revue, au bas d'un sonnet de Joséphin Soulary, entre un article sur l'*Origine de Lyon*, signé : A. P..... fils, et un article sur l'*Acide phénique*, signé : le Dr A. P.....? *Habent sua fata...*

Et Soulary ? — « Joséphin Soulary est peut-être le seul écrivain moderne qui, sans jamais être sorti de Lyon, sans jamais avoir dépouillé la province, ait trouvé moyen de se faire une grande réputation à Paris, » a dit encore M. Francisque Sarcey. Voici ce qu'écrivait en 1867, M. Alfred Delvau, dans son mignon volume intitulé : *Les Sonneurs de sonnets* (1).

.... « Pourquoi le tairais-je ? J'ai pour Soulary, depuis ses *Sonnets humoristiques*, l'admiration la plus vive, la plus profonde et, — bien entendu — la plus sincère. Celle que j'ai si hautement avouée à l'honneur de Ronsard ne peut faire tort à celle-ci : on peut adorer plusieurs dieux dans le même temple et sur le même autel. Le grand poëte vendômois et le grand poëte lyonnais font bon ménage dans mon esprit, dont ils sont l'ornement et la joie Un dilettante fredonne tour à tour un air de Weber et un air de Mozart : moi, je relis souvent les divins

---

(1) *Paris.* Lib. Bachelin-Deflorenne, 1867, in-32, papier de Hollande, de l'imprimerie Jouaust.

sonnets de Ronsard ou ceux de Soulary, — qui ont une musique à l'influence de laquelle on ne saurait se soustraire. »

Le bruit courut un jour que le poëte lyonnais allait quitter les bords du Rhône, pour les bords de la Seine. Joséphin Soulary démentit cette fausse nouvelle et accompagna sa protestation de cette spirituelle boutade adressée à un journal de Paris. Nos lecteurs nous sauront gré de la reproduire :

DANS MON VILLAGE DE LYON.

Dans mon village de Lyon,
Nous avons aussi nos merveilles :
Des gens de plume, de crayon,
Voire des commis de rayon
  Et des abeilles.

Nous avons deux jolis ruisseaux
Où l'on peut se noyer sans peine ;
Ils portent d'assez fiers bateaux,
Et fourniraient de belles eaux
  A votre Seine !

Nos huttes sont en fin moellon ;
L'art pour l'art y tient peu de marge ;
La mouche à miel y vit en long
Sans jalouser votre frelon
  Qui vit en large.

A part maints gueux à peu près nus,
Nos naturels portent du linge ;
Leurs types, qui vous sont connus,
Vont de Maritorne à Vénus,
  De l'ange au singe.

On voit là, tout comme chez vous,
Des dames plus ou moins fidèles,
Des maris plus ou moins jaloux,
Et des chasseresses d'époux
    Plus ou moins belles;

Des petits vestons presque sots,
Des robes rouges presque graves,
Des habit noirs presque dévots,
Des caissiers — peut-être idiots,
    Mais presque braves;

Des fats choyés, des cœurs trahis,
Du rire en deuil, du deuil en fête,
Et pas mal d'esprits enfouis.
(Non plus qu'ailleurs, en mon pays
    Nul n'est prophète).

On y mange à peu près son pain,
On y boit à peu près son verre,
On y vit à peu près son train,
On est même à peu près certain
    D'aller en terre.

Que Paris nous fasse la loi
Par un côté brillant qui frappe,
Par un certain.... je ne sais quoi,
Par une certaine... (aidez-moi,
    Le mot m'échappe).

Je tiens ce point pour éclairci,
Mais encor veut-il qu'on en glose ?
C'est bien là mon moindre souci :
Bailler là-bas, bouder ici,
    C'est même chose.

Si j'avais ce bâton sans prix
Dont les enchanteurs font usage,
En deux gentils vallons fleuris
J'irais transformer et Paris
    Et mon village.

Toute cage est cage au pinson ;
La meilleure est la cage ouverte,
Mon choix est fait : — Vite un buisson !
Je vais chercher de Robinson
    L'île déserte.

18 Janvier 1870.

Joséphin Soulary s'est peint lui-même dans les huit vers suivants qu'il a écrits au bas de son portrait :

SIGNALEMENT DU PRÉVENU

Taille haute. Age, cinquante ans ;
Né dans Lyon. Visage ovale.
Cheveux et barbe grisonnants.
Front élevé. Teint un peu pâle.
Yeux gris-bleu. Bouche au coin moqueur.
Nez original. Menton bête.
Signe particulier : Du cœur.
Nature du crime : Poëte.

Joséphin Soulary a aujourd'hui soixante et un ans. Il est né à Lyon le 23 février 1815, d'une famille originaire de Gênes. A l'âge de seize ans, il entra comme enfant de troupe au 48e de ligne où il resta jusqu'en 1836. Il a publié ses premiers vers dans l'*Indicateur de Bordeaux*, sous la signature de SOULARY, *grenadier*. En 1840 il entra dans les bureaux de la préfecture de Lyon, où il occupait en dernier lieu le poste de chef de division. Il est maintenant bibliothécaire du Palais des Arts. Nous avons eu le plaisir de nous trouver avec lui, en compagnie de notre cher ami Victor de Laprade et de passer quelques bonnes heures ensemble, un jour que nous traversions la ville de Lyon, et ce jour là est resté doublement gravé dans notre mémoire.

Dans la matinée notre ami Victor de Laprade nous avait fait visiter le *Parc de la Tête-d'Or* ; nous suivions au retour les sinuosités du grand lac créé au milieu de ce vaste jardin public ; de beaux cygnes se jouaient majestueusement dans ses eaux agitées. A notre sortie du Parc, nous aperçûmes un petit bateau qui s'avançait à toute voile de la rive opposée. Il ventait froid. Nous étions loin de penser qu'un grand malheur allait arriver. Le soir, à la villa de M. Arlès-Dufour à Oullins, nous apprîmes pendant le dîner que la barque avait chaviré et que les jeunes gens qui la montaient avaient péri avec leur précepteur. Ils appartenaient à une des premières familles de Lyon. Cette catastrophe impressiona douloureusement la ville.

C'est en 1847 que parut, sous ce titre : *Les Éphémères*, le premier recueil de sonnets de *Joséphin Soulary*, jusque là épars dans divers journaux et revues. 1848 et 1851 les firent sombrer avec beaucoup d'autres choses !.., dix ans après l'épave n'étant pas trop détériorée, il la remit à l'eau, (1858), avec une autre petite flotille toute neuve (*Pastels et Mignardises, Paysages* etc.) sous le titre générique de *Sonnets humoristiques*, (un néologisme qui lui fut reproché comme une atteinte aux droits de l'Académie et qui n'en resta pas moins dans l'usage, comme il sera un jour dans la langue officielle). Le volume a été plusieurs fois réimprimé, en s'augmentant à chaque édition. Jules Janin a écrit pour l'une d'elles une charmante préface en vers.

Perrin, le maître imprimeur lyonnais, qui a conservé les savantes traditions de Jean de Tournes, et qui a retrouvé et remis en honneur les beaux caractères elzéviriens, en a fait une édition monumentale, aux frais de la ville de Lyon, si nous ne nous trompons. Alphonse Lemerre, l'élégant éditeur-artiste, a enrichi sa délicieuse *petite bibliothèque littéraire des auteurs contemporains* des œuvres poétiques de Joséphin Soulary, en deux charmants volumes in-12 oblong, format des Elzévirs.

Ne fermons pas ce riche écrin sans lui dérober encore une perle fine enchâssée également avec un art exquis :

EPITHALAME

A minuit je m'éveille et, la tête obsédée
Par les traits de l'enfant que j'épouse demain,
Je crayonne à tâtons quelque adorable idée,
Sur le premier papier que rencontre ma main.

Les rimes du bonheur pleuvaient comme une ondée !
J'en étais à ces mots : « *Couronné par l'Hymen,*
L'amour est... » Le sommeil me surprit en chemin,
Et la phrase expira dans un rêve scandée.

Le jour enfin paraît. Honte à l'amant qui dort !
Vite achevons. Que vois-je ? — O méprise risible !
J'avais écrit mes vers sur un billet de mort.

L'hémistiche, engagé dans le texte terrible,
Alignait d'un seul trait, ces six mots alarmants :
« *L'amour est... décédé, muni des sacrements.* »

Ce sonnet n'était qu'une fine et spirituelle boutade du poëte ; il souleva pourtant la bile de M. Louis Veuillot, qui la vomit dans *Les Odeurs de Paris,* sous le titre de *Fureur poétique.*

Nous retrouvons le même sonnet dans les *Couleuvres,* avec ce nouveau titre :

UN TISSEUR DE SONNETS

Un enfant d'Apollon, pris du sacré délire,
Va par la rue, heurtant les passants alarmés,
Rentre, met ses deux poings sur ses yeux enflammés,
Fait cent contorsions, souffle, geint, se détire,

Jette sur le papier des mots mal conformés,
Rature, rétablit, biffe encor, remet pire ;
Et de quatorze vers bien rimés, très-limés,
Accouche après deux jours, de travail, pour vous dire

Qu'on lit sur son papier, billet d'enterrement :
« L'Amour est.... décédé muni du sacrement. »
Et tel était l'objet de tant d'efforts robustes.

Mais tout est bien payé par cet heureux trait-là ;
Le poëte est content et se repose. Il a
D'un seul crachat couvert deux choses très-augustes.

LOUIS VEUILLOT.

Joséphin Soulary riposta par un coup de maître, avec une lame artistement damasquinée, tout en feignant de ne pas viser son adversaire. La pièce est adressée à un ami, la voici :

A ALFRED DELVAU,
Sur son livre : *Les Sonneurs de sonnets.*

Frère, c'est bien parler : foin des sonneurs de cor !
Où maint aigle a brisé son front, faute d'espace,

L'avette de Ronsard passe libre et repasse,
Car l'horizon des fleurs suffit à son essor.

Alvéole et sonnet tiennent la même place,
Et la Muse gauloise est sœur des mouches d'or :
Leur murmure est musique, elle en retint l'accord ;
Leur forme est élégance, elle en garda la grâce.

Sonnons comme l'abeille et, comme elle, volons,
Ni trop haut ni trop bas, des coteaux aux vallons,
Cueillant les sucs divins et les senteurs suaves,

Tandis qu'au sol cloué par l'élytre exécré,
Le béat escarbot, stercoraire sacré,
S'ébat dans les odeurs fétides et les baves.

JOSÉPHIN SOULARY.

Dans son *Rapport sur les progrès de la poésie* publié sous les auspices du Ministère de l'instruction publique à la suite de l'exposition de 1867, Théophile Gautier caractérisait ainsi le poëte et son œuvre :

« Entre tous ceux qui aujourd'hui *sonnent le sonnet*, pour parler comme les Ronsardisants, le plus fin joaillier, le plus habile ciseleur de ce bijou rhythmique, est Joséphin Soulary, l'auteur des *Sonnets humoristiques*, imprimés, avec un soin à ravir les bibliophiles, par Perrin de Lyon. L'écrin valait presque les diamants qu'il contenait et avertissait qu'on avait affaire à des choses précieuses. Ce sont, en effet, des joyaux rares, exquis et de la plus grande valeur, que les sonnets de Joséphin Soulary ; toutes les perles y sont du plus pur orient, tous les diamants de la plus belle eau, toutes les fleurs des nuances les plus riches et des parfums les plus suaves.

« Au commencement de son livre, il compare sa Muse à une belle fille enfermant son corps souple dans un corset juste et un vêtement qui serre ses formes en les faisant valoir. L'idée entrant dans le sonnet qui la contient, l'amincit et en assure le contour, ressemble en effet à cette beauté qu'un peu de contrainte rend plus svelte, plus élégante et plus légère. Le talent de Joséphin Soulary, d'une concentration extrême, est une essence passée plusieurs fois par l'alambic et qui résume en une goutte les saveurs et les parfums qui flottent épars chez les autres poëtes. Il possède au plus haut degré la concision, la texture serrée du style et du vers, l'art de réduire une image en une épithète, la hardiesse d'ellipse, l'ingéniosité subtile et l'adresse d'emménager dans la place circonscrite qu'il est interdit de dépasser, une foule d'idées, de mots et de détails qui demanderaient ailleurs des pages entières aux vastes périodes. Ceux qui aiment les lectures faciles et tournent la page d'un doigt distrait pourraient trouver le style de Joséphin Soulary un peu obscur ou malaisé à comprendre ; mais le sonnet comporte cette difficulté savante.

« Pétrarque ne se lit pas couramment, et l'Italie, où l'on sait apprécier le sonnet, a envoyé au poète une médaille d'or avec cette inscription : *Giuseppe Soulary le muse francesi guidò ad attingere alle Itale fonti.*

« Dans un temps de fécondité débordante, c'est bien peu, nous le savons, qu'un volume de sonnets ; mais nous préférons à des bibliothèques de gros volumes d'un intérêt mélodramatique, cette fine étagère finement sculptée, qui soutient des statuettes d'argent ou d'or d'un goût exquis et d'une élégance parfaite dans leur dimension restreinte, des buires d'agate ou d'onix, des cassolettes d'émail contenant des parfums concentrés, de précieux vases myrrhins opalisés de tous les reflets de l'iris, et parfois un de ces charmants petits vases lacrymatoires d'argile antique, contenant une larme durcie en perle pour qu'elle ne s'évapore pas (1). »

Ecce iterum ! — Comment on écrit une biographie. — Confusion volontaire. — Julien de Parme n'a jamais été Simon Julien de Toulon.

Si le numéro de résurrection de la *Revue* dont s'agit (janvier 1875), s'est trouvé, par hasard, embelli d'un beau sonnet de Joséphin Soulary (sonnet dont on n'avait pas su reconnaître la provenance), par contre, le numéro de début de cette publication (janvier 1861), avait été volontairement infecté de plagiat et de supercherie littéraire. La *rédaction* avait dû accepter et insérer de confiance, il faut le croire, un travail sur SIMON JULIEN, *peintre toulonnais*, qu'un des collaborateurs présentait comme inédit, alors qu'il l'avait copié dans un recueil un peu oublié et devenu rare.

L'auteur de ce stratagème — qui se piquait de compétence artistique et littéraire (il était membre de la commission des beaux-arts près la municipalité de Toulon) — n'avait pas fait grand effort pour accomplir ce tour d'audace naïve ; mais il s'était donné bien du mal pour dissimuler sa fraude.

Dans une sorte d'avant-propos, il disait :

« En 1858, à la suite de nos premières trouvailles, nous publiâmes quelques notes biographiques (2) et critiques sur Julien.

---

(1) *Rapports sur le progrès des lettres* par Silvestre de Sacy, Paul Féval, Théophile Gautier et Ed. Thierry. Imprimerie impériale 1868, grand in-8°, pages 103 et 104.

(2) Il avait imprimé ceci : Julien (Simon), *plus connu sous le nom de Julien de Parme*, né à Toulon le 28 octobre 1735, *mort à Paris le 30*

FRELONS. 71

« Mais ce n'était pas tout ; nous ne savions pas encore quel cœur avait vécu derrière cet esprit éclairé, original ; et la crainte d'avoir trop sacrifié aux hypothèses nous faisait toujours interroger tous les points de l'horizon, lorsque le hasard nous mit la main sur le fragment d'un mémoire de Simon Julien racontant sa vie.

« — Quel bonheur ! s'écrie-t-il, dans la joie de sa prétendue découverte, quel bonheur pour nous !!... nous allions pouvoir ajouter aux biographies l'*inédit* ou l'*inconnu*, et dire l'homme en son intimité. »

Tout cela, c'était de la fantasmagorie puérile, mais pas honnête ! *Le hasard avait mis la main* du plagiaire, non pas sur un *fragment inédit d'un mémoire de Simon Julien*, mais bien sur la *Vie de Julien de Parme*, publiée par Landon en 1801 (1), et au moyen de ce document, notre homme de fabriquer une façon d'autobiographie du peintre toulonnais qu'il intitula audacieusement : *Recherches sur la vie et l'œuvre de Simon Julien.*

La courte *Nécrologie* qui précédait le mémoire de Julien de Parme y est remplacée par quelques lignes préliminaires dont le fond et même certaines expressions sont pris dans la notice de Landon.

---

juin 1798.... Deux erreurs en deux lignes! Simon Julien n'est pas Julien de Parme. — Si le premier est né à Toulon, le second est né en Suisse, six mois après, le 23 avril 1736. Tous les deux sont morts à Paris, Simon Julien, *le 24 février 1800,* et Julien de Parme, le 10 thermidor an VII (28 juillet 1799), et non en juin de l'année précédente.

(1) *Le Précis historique des productions des arts, peinture, sculpture, architecture et gravure par le citoyen* LANDON, *peintre, ancien pensionnaire de la République à l'École nationale des Beaux-Arts, Paris, de l'imprimerie Didot, jeune,* an X, tome I, pages 108 à 148.

L'Artiste a reproduit l'autobiographie de Julien de Parme en 1860 ou 1861...?

L'autobiographie a été copiée presque mot à mot d'un bout à l'autre. Qu'on en juge par le rapprochement des deux textes :

TEXTE DE LANDON.	TEXTE DE LA REVUE
Vie de Julien de Parme, peintre, écrite par lui-même.	*Fragment retrouvé d'un mémoire de Simon Julien* (1), *peintre du roi, racontant sa vie.*
Je suis né en 1736, le 23 avril, sur les bords du lac Majeur, dans un village nommé Cavigliano, près Locarno, ville de Suisse, capitale du bailliage du même nom. Mon père était maçon et ma mère fille de maçon. Les mauvais traitements de mon père forcèrent ma mère à s'enfuir....	
. . . .	. . . .
...... Je partis de Marseille, le 16 novembre 1759, et j'allai par terre jusqu'à Nice, où je m'embarquai pour Gênes. Après une assez mauvaise navigation j'arrivai en cette ville le 29 du même mois.	...... Je fis mes adieux à Marseille le 16 novembre 1760 et j'allai à petites journées, par voie de terre, jusqu'à Nice, où je m'embarquai sur un navire faisant voile pour Gênes. Nous saluâmes cette dernière ville le 29 du même mois,
Dès que j'eus mis pied à	

(1) « Simon Julien, fils naturel et légitime de Laurent et de Geneviève Declas, est né et a été baptisé à Toulon, le 23 octobre 1735... (*Registre des naissances, mariages et décès de la paroisse Sainte-Marie, année 1735, f° 65, au v°.* »

terre, je m'écriai : Enfin, me voilà donc en Italie ! Je vais donc voir et étudier les ouvrages des grands hommes qui ont illustré cette heureuse contrée.	après une navigation longue et périlleuse.
	Enfin, l'Italie ! m'écriai-je ; je vais donc voir et étudier les ouvrages de tous les grands hommes qui ont illustré cette heureuse contrée.
Las d'entendre les contradictions des vivants, je ne veux plus écouter que la leçon des morts. Ils me parleront sans déguisement, sans envie, sans obscurité.	Las d'entendre des vivants, je ne veux plus écouter que la leçon des morts. Ils me parleront sans déguisement, sans envie, sans obscurité.
J'étais pour lors âgé d'environ vingt-cinq ans.	J'avais alors vingt-cinq ans.
Je parcourus aussitôt les églises avec un gros livre sous le bras, et je dessinai ce qui me frappa davantage.	Je parcourus les églises, un gros livre sous le bras, dessinant et prenant toutes sortes de notes.

. . . .
. . . .

Et ainsi de suite, jusqu'à la fin :

Le lecteur rougit pour moi, et il a raison ; mais j'ai promis de dire la vérité.	Le lecteur rougit pour moi, et il a raison ; mais j'ai promis de dire toute la vérité.

La *rédaction* eut la bonne chance de se brouiller avec l'auteur de cette mystification et la chose ne fut pas continuée. On remplaça même la partie publiée par un autre article, en réimprimant ce premier numéro. Nous nous sommes laissé dire que la question de supercherie littéraire et de plagiat était étrangère à cette suppression, et qu'on ne s'était pas même douté de la fraude.

Cette *pseudo-autobiographie* de Simon Julien fit grand bruit. Un spirituel journal de Marseille fustigea vertement le plagiaire en signalant ce fait de littérature légale qui ressortissait de la Société des gens de lettres et de l'opinion publique. Il *souffla* dessus, et tout cet échafaudage d'érudition de mauvais aloi croula.

Quelques années après cette aventure, M. Bronzi, l'érudit conservateur du Musée de Toulon, publia, dans le même recueil (circonstance atténuante dont il faut tenir compte à la *Rédaction*) une *vraie* vie de notre compatriote Simon Julien. Il s'était donné beaucoup de peine, mais il était arrivé à séparer complètement l'individualité de Simon Julien de celle de Julien de Parme. Il avait retrouvé les actes de décès des deux peintres et avait heureusement restitué au peintre toulonnais la paternité de divers tableaux, notamment *Titon et l'Aurore* que l'on admire aujourd'hui au Musée de Caen, et que M. Clément de Ris, inspecteur des musées de province, après l'avoir remarqué sous le nom de Vien, attribuait plus tard à Prud'hon à cause de quelque ressemblance de coloris avec ce grand peintre.

Le travail de M. Bronzi était terminé, quand nous avons trouvé nous-même les articles nécrologiques de *Julien de Parme* et de *Simon Julien* publiés à six mois d'intervalle par le *Magasin encyclopédique* de Millin.

Toujours les plagiaires. — M. le consul Delaporte et Mahomet. — *Le vol au roman.* — Curieux débat entre le *National* et la *Presse*. — Un faux noble auteur de faux mémoires. — Anecdote : Armand Carrel et Littré. — Les frelons déroberont toujours les abeilles!

M. P. Henri Delaporte, ancien consul général de France en Orient, a publié, en 1874, une *Vie de Mahomet, d'après le Coran et les historiens arabes,* un volume grand in-8º de 670 pages.

Comme le signataire des prétendues *Recherches sur la vie et l'œuvre de Simon Julien,* M. Delaporte « va pouvoir ajouter l'inédit ou l'inconnu aux biographies ». « C'est, » dit-il dans sa préface, après avoir sévèrement jugé ses prédécesseurs, « c'est le Mahomet des Musulmans» qu'il s'est «proposé de mettre en relief, avec l'ensemble de ses qualités et de ses défauts, le mélange de ses vices et de ses vertus.... » Il a puisé ses renseignements dans les chroniques arabes et dans le traditions accréditées.... Les fonctions qui lui étaient confiées en Orient, jointes à la connaissance personnelle qu'il avait de la langue arabe, l'ont mis fréquemment en rapport avec toutes les classes des mahométans; il a pu consulter plusieurs ulémas, docteurs de la loi, gens de savoir et de piété, etc., etc.... Abrégeons: L'avantage de cette position lui a permis, ajoute-t-il, de recueillir les éclaircissements nécessaires à l'intelligence de son ouvrage. — Tout cela, c'était aussi de la fantasmagorie! M. Mohl, membre de l'Institut, l'un de nos plus savants orientalistes que la mort vient d'enlever à la science, nous révèle, dans un numéro du *Journal asiatique* (1), que cette *Vie de Mahomet* de M. H. Delaporte n'est que la reproduction, un peu abrégée,

---

(1) Oct.-nov. 1874, p. 493-494.

mais d'ailleurs fidèle, de la *Vie de Mahomet*, par Jean Gagnier. *Amsterdam*, 1733. 2 vol. in-8°.

Au mois d'octobre 1841, le *National* démasqua un fait de piraterie littéraire des plus audacieux et des plus effrontés. — Le journal la *Presse* commençait la publication annoncée à grand bruit des *Mémoires du Comte de Cagliostro,* traduits de l'italien sur les manuscrits originaux, par un gentilhomme qui livrait son nom en garantie de l'authenticité de l'ouvrage : Le COMTE DE COURCHAMPS !

L'épisode de début était intitulé : *Le Val funeste*. La curiosité était en éveil, quand tout à coup le *National* mit ces prétendus mémoires au ban de l'opinion publique, dans un article qui portait ce titre : *Le Vol au roman. — Avis au public.*

Cet avis disait que les *Mémoires de Cagliostro* n'étaient pas plus authentiques que les *Souvenirs de la marquise de Créquy* et que la série de *Lettres originales des hommes les plus célèbres du* XVIII° *siècle,* publiée naguère par la *Presse* comme faisant suite à ces prétendus *Souvenirs,* et que toute cette terrible et effrayante histoire du *Val funeste* avait été copiée textuellement, y compris les noms propres de lieux et de personnes, d'un roman oublié du comte J. Potocki : *Dix journées de la vie d'Alphonse Van Worden,* (3 vol. in-12, de l'imprimerie de Jacob, à Versailles. 1814).

Le *National* s'étonnait que la *Presse* « pût se prêter à favoriser des vols si grossiers, des mystifications aussi insultantes pour le public ». — Le directeur du feuilleton de ce journal, M. Dujarier, qui fut déloyalement tué, quelques années après, par M. de Beauvallon, beau-frère de M. Granier de Cassagnac (1), envoya du papier timbré au *National* : Il répondait

---

(1) 11 mars 1845 — L'affaire fit grand bruit et donna lieu à divers procès criminels, desquels il résultait que M. de Beauvallon s'était pré-

que la *Presse* ne volait pas ses romans, (on ne l'accusait pas de cela); qu'elle payait les auteurs ou les signataires des romans imprimés au feuilleton de son journal, et que le comte de Courchamps recevait bel et bien cent francs pour chacun de ses feuilletons du *Val funeste*. Il ajoutait :

« Je n'ai pas à m'occuper des *Mémoires de Cagliostro*, ni de leur traducteur, autrement que pour déclarer que M. le comte de Courchamps qui, pour moi, n'est pas un *personnage en l'air*, a garanti à la *Presse* l'authenticité de ses manuscrits, et que c'est sous cette garantie qu'ils ont été livrés au public. Jusqu'à preuve évidente du contraire, je conserverai la convic-

---

senté au combat avec des armes frauduleuses. (Elles appartenaient à M. de Cassagnac, son beau-frère, et elles lui étaient familières.) — Vainement soutint-on devant le premier jury, qu'avant de se rendre sur le terrain, où il se fit attendre pendant plus d'une heure et demie, M. de Beauvallon, s'était refait la main avec les pistolets qui lui avaient servi, quelques instants après à tuer Dujarier, et que M. le *vicomte* Vincent d'*Ecquevilley* l'avait aidé dans ce guet-apens... M. d'*Ecquevilley* en appela noblement à son honneur, il se défendit de ces soupçons comme d'un assassinat ! M. de Cassagnac joua un triste rôle dans toute cette affaire. Relevons dans l'instruction, une de ses audacieuses réponses : « *Ce que je puis affirmer sur l'honneur, c'est que Beauvallon n'a jamais touché mes pistolets.* » M. de Beauvallon obtint un verdict négatif. (30 mars 1846.)

Mais quelque temps après l'arrêt, des indiscrétions révélatrices amenèrent une poursuite en faux témoignage contre le témoin d'Ecquevilley. Les nouveaux débats établirent alors la vérité de tous les faits précédemment incriminés ; ils révélèrent de plus que les pistolets avaient été tirés dans le jardin même de d'Ecquevilley et sous ses yeux. M. de Beauvallon désormais sûr de l'impunité, osa de nouveau démentir l'essai des armes, attesté cette fois par témoins oculaires. Il parla avec tant d'effronterie et une telle arrogance, que le Président le fit arrêter séance tenante, sous prévention de faux témoignage. Le prétendu *vicomte d'Ecquevilley* (il s'appelait tout bonnement *Vincent*) fut condamné à dix ans de réclusion (14 août 1847 ; M. de Beauvallon, poursuivi à son tour, fut, le 9 octobre suivant, condamné à huit ans de la même peine..... M. Granier de Cassagnac ne fut pas poursuivi !..... (Voir les curieux détails de ces procès dans la *Gazette des Tribunaux* de 1846-1847.)

tion qu'en annonçant comme *inédits* les *Mémoires de Cagliostro*, M. de Courchamps n'a pu se rendre coupable d'un *vol si grossier*, d'une *mystification si insultante*, d'une *piraterie si impudente* dont la *Presse* pourrait être victime, mais dont, en aucun cas, elle ne consentirait à être le complice volontaire. »

M. Dujarier était bien affirmatif. Il avait donc perdu de mémoire que, quelques mois auparavant, la *Presse* avait dû interrompre et chasser de son rez-de-chaussée la série de prétendues *Lettres originales des hommes les plus célèbres du* xviiie *siècle* qu'elle donnait comme faisant suite aux prétendus *Mémoires de la marquise de Créquy*. Les affirmations contraires du *National* et les faits accablants produits par lui, auraient dû cependant lui donner l'éveil. Comment ne lui était-il pas venu à l'idée que *Mémoires de Cagliostro*, *Mémoires de la marquise de Créquy*, *Lettres des personnages les plus célèbres du* xviiie *siècle* pouvaient bien sortir de la même fabrique de Courchamps?

A son tour, le prétendu comte de Courchamps qui signait *le Val funeste*, et que le *National* avait considéré comme un *personnage en l'air*, eut l'impudence de se fâcher aussi et fit signifier par huissier qu'il était bien et dûment M. le comte de Courchamps; qu'il était possesseur des manuscrits autographes de Cagliostro; qu'il avait traduit ces manuscrits de l'italien, « ce qui prouvera suffisamment, disait le papier timbré, que les *Mémoires de Cagliostro* doivent être considérés comme *inédits*. »

Belle logique! Le *National* coupa court à la discussion. Il imprima que si la *Presse* payait 100 francs chaque numéro du *Val funeste*, elle payait fort cher au prétendu comte de Courchamps ce qu'elle pouvait avoir presque pour rien sur les quais, le *National* ayant payé 15 sols les trois volumes du comte

Potocki ; que les quatre feuilletons déjà publiés par elle avaient été copiés dans le tome I, le premier, de la page 6 à 46, le second, etc....

Et, pour en finir, il ajoutait :

« Vous avez sans doute, M. Dujarier, à votre disposition, tout le manuscrit du *Val funeste?* Eh bien ! ayez de la bonne foi, ne faites pas à votre feuilleton futur plus de changements que, malgré nos réclamations, vous n'en avez fait au dernier, et voici ce que vous allez dire demain. Nous prenons l'histoire où vous l'avez laissée. »

Et le lendemain, le *National* et la *Presse* publiaient le même feuilleton, et dans les cafés et autres lieux où se lisent les journaux, on se disputait à l'envi la *Presse* et le *National* pour comparer les deux textes qui étaient parfaitement identiques.

Qui ne fut pas content, ce fut Dujarier ! La *Presse* cessa sur le champ la publication du *Val funeste*, et son directeur-gérant écrivit au *National*, mais cette fois sans employer, je crois, le ministère de l'huissier :

« Tous rapports sont rompus entre le journal et le traducteur des prétendus *Mémoires de Cagliostro*.

« Une instruction judiciaire est entamée contre M. de Courchamps, qui aura à rendre compte de ses procédés et de sa spéculation devant la justice. »

Maintenant veut-on savoir ce qu'était ce fameux comte de Courchamps?

Écoutons M. Charles Romey, qui avait levé le lièvre :

« .... L'auteur du *Val funeste* ne s'est pas contenté de voler le roman du comte Jean Potocki ; il avait volé son propre nom. Il n'était ni *comte*, ni *de Courchamps*. Né à Saint-Servan, près de Saint-Malo, d'un père patron de barque ou petit caboteur, il s'était fait comte et de Courchamps, de son autorité privée. Son véritable nom était *Cousen*. Très-jeune, il avait été domestique en diverses grandes maisons bretonnes, valet de chambre dans l'émigration, etc. Notre Gil-Blas (Gil-Blas, moins l'honnêteté relative du héros de Lesage) revint sous le Consulat, un peu décrassé, et ayant gagné en pays étranger, par on ne sait quel charme, les bonnes grâces d'une grande dame, dont il était devenu le cavalier servant.

« Sous l'Empire, il voyagea, courut les aventures, contracta l'habitude de se travestir en femme comme l'abbé de Choisy et comme Faublas, fut admis en plus d'une ruelle, connut le secret de plus d'une alcôve, prit ou vola de vieux papiers de famille, et, un beau jour, sous la Restauration, on eut un comte de plus, grand royaliste, grand défenseur du trône et de l'autel, un ennemi terrible de la philosophie et de la Révolution : LE COMTE DE COURCHAMPS. Il se mêla à tout, chercha à tirer parti de ce qu'il avait appris de l'ancien régime chez les gens qui en étaient, épousa toutes leurs passions et brassa, après 1830, on ne sait comment, les prétendus *Souvenirs de la marquise de Créquy* dont le premier volume fut publié au commencement de 1834, chez Fournier, rue de Seine, 14..... »

Après l'éclat de 1842, — qui l'aurait cru! — le plagiaire émérite osa proposer à la *Mode* de nouveaux Souvenirs, et la *Mode* annonça pompeusement, en octobre 1862, qu'elle s'était assuré la collaboration de ce noble personnage.

Le lendemain on lisait dans le *Corsaire* : « Le célèbre auteur du trop célèbre feuilleton intitulé : LE VAL FUNESTE, appelé je ne sais pourquoi, comte de Courchamps par la *Mode*, vient de reparaître à l'horizon.

...... « Tremblons! de son tombeau,
De Courchamps sort armé d'un *val-volé* nouveau.

« Il faut l'y faire rentrer! de pareils morts sont de trop mauvaise compagnie.

« .... Nous défendons à la *Mode*.... sous peine de ridicule, de publier les nouveaux Souvenirs du personnage connu sous le nom de DE COURCHAMPS.

« Qu'elle les paye, si elle veut faire l'aumône à un plagiaire; mais qu'elle ne les publie pas. Il y va de son honneur.

« De Courchamps ne saurait signer où l'on signe : Nettement. »

Le prétendu de Courchamps vivait alors. Il ne dit mot. Il est mort depuis, rue Oudinot, 19, (ancienne rue Plumet), dans la maison de santé des Frères hospitaliers de Saint-Jean-de-Dieu (1).

A propos du *National*, voici une anecdote authentique et peu connue. Armand Carrel, le journaliste batailleur et chevaleresque, libéral dans ses doctrines et autoritaire dans ses manières, causait, un jour, avec le secrétaire de la rédaction, de ses projets de réforme dans le personnel du journal qu'il avait fondé avec MM. Thiers et Mignet. La rédaction en chef, que chacun des trois devait exercer à son tour pendant une année, lui était échue exclusivement, après 1830, MM. Thiers et Mignet ayant abandonné le *National* pour entrer aux affaires. On venait de passer en revue les divers rédacteurs, quand Carrel s'écria :

— Et celui que je vois toujours dans son coin, avec ses lunettes sur le nez, lisant ou écrivant sans cesse et ne disant jamais rien? Il est agaçant, il faut le remercier!

— Oh! pour celui-là, jamais, répondit le secrétaire. La chose est impossible, à moins que vous ne vouliez cesser de paraître. Vous pouvez pendant huit ou quinze jours, vous absenter, vous trouver malades, vous et tous vos collaborateurs, le

---

(1) *Une page de l'histoire littéraire de notre temps,* par Charles ROMEY.

journal se fera comme d'habitude, sans qu'il y paraisse. Tel que vous le voyez, cet homme qui ne paye pas de mine, est toujours prêt, selon les besoins du moment, à faire un *entrefilet*, à rédiger un *fait divers*, une *chronique locale*, ou à écrire un *premier Paris* sur la question politique du jour. Il vous rapportera demain, si vous le lui demandez, un grand article *Variétés* sur l'ouvrage de philosophie, d'histoire, de philologie ou de science qui a paru ce matin : C'est Littré.

Le rédacteur en chef du *National* ne connaissait pas celui de ses collaborateurs qui devait plus tard écrire la *Notice biographique* placée en tête des *Œuvres politiques et littéraires d'Armand Carrel*.

Les cas de supercherie abondent dans l'histoire de littérature de toutes les époques. Nous n'avons guère parlé que de ce qui s'est passé sous nos yeux dans le milieu restreint où nous vivons. Mais Quérard a publié un *Dictionnaire des supercheries littéraires dévoilées*, ouvrage fort intéressant et fort instructif, que MM. Gustave Brunet et Pierre Jannet viennent de réimprimer en l'augmentant considérablement (3 vol. gr. in-8º à deux colonnes. — Paris, E. Daffis.)

La dernière édition ne sera sans doute jamais publiée, car elle n'est pas près de finir cette race de frelons et de fripiers littéraires que Musset a si bien peints dans ce vers :

Allumeurs de quinquets qui voudraient être acteurs.

Ces NOTES — en cours de publication dans le *Bulletin de la Société académique du Var* — sont tirées à part à 100 exemplaires.

PREMIER FASCICULE :

I. — Auguste Garbeiron............................... 3
II. — Frelons... 37

SOMMAIRE DES PROCHAINS FASCICULES :

III. — Le poëte marseillais Victor Gelu et ses *Chansons provençales*.
IV. — Méry.
V. — La villa Lauvergne : Pradier, Alexandre Dumas, Michelet.
VI. — Prosper Mérimée à propos de ses *Lettres à une inconnue*.
VII. — Traducteurs et imitateurs de La Fontaine.
VIII. — De la fable : *La Cigale et la Fourmi*.
IX. — *Et habent sua fata.... statuæ* : Mlle Clairon à la Sainte-Beaume.
X. — Bibliographie et bibliomanie.

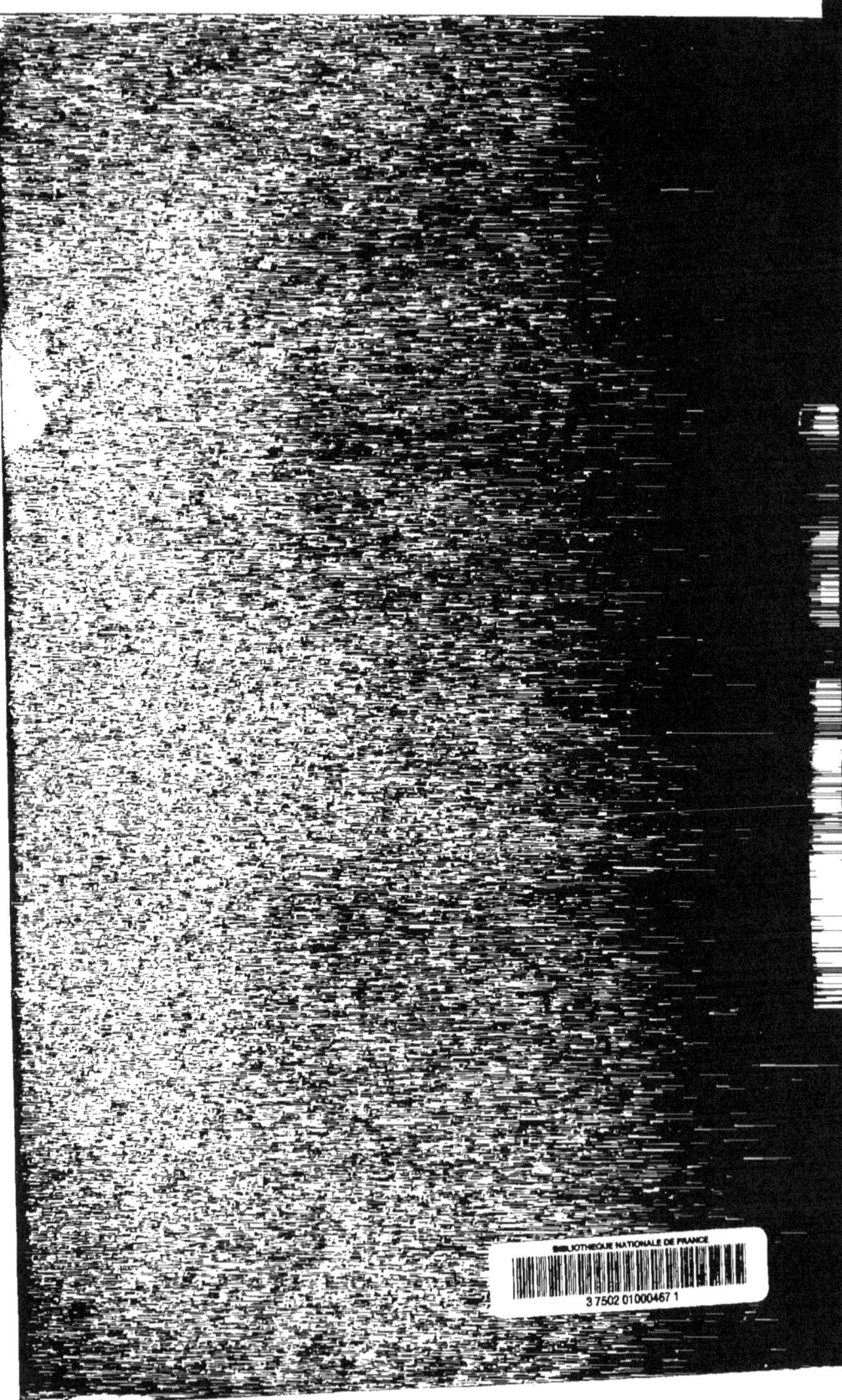

www.ingramcontent.com/pod-product-compliance
Lightning Source LLC
LaVergne TN
LVHW050648090426
835512LV00007B/1087